すぐに使える 問題解決法入門

石桁正士／渡邉寛二［監修］
教育理学研究会［編著］

日刊工業新聞社

まえがき

　21世紀、わが国は少子化の時代に入り、国民ひとりひとりが持てる力を発揮して、高度科学技術のレベルも、高度経済水準も、充実した社会福祉体制も、高度な医療体制も、食糧の自給率も、生活の安全と安定も、危機管理体制も、エネルギー対策も、広範囲にわたって維持しなければならなくなりました。

　考えてみれば、わが国は天然の資源に乏しく、よく教育訓練された人材こそが資源であったのです。今後も上述の項目を高いレベルで維持するためには、人材の育成と質の確保が大切で、国民ひとりひとりに、今まで以上に十分な教育をしなければなりません。

　わが国で広く馴染んできた教育の考え方としては、小学校（初等教育）および中学校（前期中等教育）での9年間の義務教育においても、3年間の高等学校教育（後期中等教育）においても、教科教育が中心でした。教科教育というのは、国語、数学（算数）、理科、社会、英語というように教科を定めて、その内容を教育するというものです。しかし、この教科教育では、その目的や目標が教科内容の陰に隠れてしまい、その結果、教育の実態は文部科学省が定めた「学習指導要領」を遵守する形で、学校というシステムの中で、国が認可した教科書を用いて、教師は教科書の内容を教えるようになっているのです。最近は、ようやく「総合学習」なども取り入れられ、能力の育成に向かってきましたが、まだまだの感があります。

　さらに、高等学校卒業後、2年間以上の高等教育（短期大学、四年制大学、専門学校、大学院など）に進んだ若者たちも、その一部は、依然として教科教育の延長の形で教育を受けています。私たちは、ある年齢層以上は、教科の内容を教えるという教科教育ではなく、能力を育成するという「能力教育」を受けるべきであると考えています。この能力の育成こそが、「実社会で生きて働く学力」につながるのです。

　ここで、私たちが主張している能力教育について少し説明いたしましょう。学校教育を終えた若者たちは、例えば世の中に出て、いわゆる「仕事」に就きます。この時、最も大切なのは、自分から進んで決めた仕事であっても、また組織から与えられた仕事であっても、「その仕事をなし遂げるための基本的な能力」を身に付けておくことです。私たちは、この基本的な能力を育成し、若者たちが仕事の場で生き生きと能力を発揮することを目的とした「能力の育成を主眼とした教育」を実践したいと考えているのです。

　では、どのような能力が必要なのでしょうか。数え上げるとかなりたくさんありますので、第1部を読んでいただくとして、ここでは、例えば次のようないくつかの能力のことだとしておきましょう。

（1）日本語能力（いわゆる読み書きそろばんの「読み書き」の能力です。）
（2）コミュニケーション能力（意思の疎通をはかるいわゆる会話能力です。）
（3）計算能力（いわゆる読み書きそろばんの「そろばん」に当たる数学的能力です。）
（4）情報能力（必要に応じて情報を収集し、集めた情報を活用したりして、情報化した社会に適応していく能力のことです。）
（5）問題解決能力（問題を発見したり、問題を解決したりする能力です。）

（6）物事の認知能力（例えば事物や現象を認知する能力です。）
（7）見方や考え方（例えば視座とか視点とかいう考え方を理解し、その考え方を多面的に活用する能力です。）
（8）論理的な思考力（例えば推論の能力などです。）
（9）プレゼンテーション能力（説明したりする能力や表現したりする能力や、相手に理解させたり、相手を説得したりする能力のことです。）
（10）学習能力（自分で学ぶ力や学び方を身に付ける能力です。）

　これらの能力の中でも、私たちは（5）の問題解決能力の育成が特に必要であると信じています。それは仕事をするということに直結するからです。では、この問題解決能力について、さらに具体的な能力の例を挙げてみましょう。

＊計画－実行－反省というPlan－Do－Seeの考え方を実行する能力。
　（Plan－Do－Check－Actionという言い方もあります。）
＊問題を発見する能力。
＊事態から問題を意識する能力。
＊問題を整理し、問題を定式化する能力。
＊視座（立場）を理解し、いろいろな視座から問題事態を把握する能力。
＊視点（着眼点）を理解し、いろいろな視点から問題や解決案を思考する能力。
＊ブレーンストーミングを使って、発想する能力。
＊IF－THEN－型の思考を行って、着想する能力。
＊いろいろな情報を分類する能力。
＊手段－目的分析を実行する能力。
＊解決案のメリットとデメリットを分析し、比較する能力。
＊最適な案を決定するという意思決定能力。
＊合理的に情報を集め、情報を整理し、表現する能力。
＊問題解決のためのアンケートを企画したり、実施したりする能力。

　私たちは上に挙げた諸能力を分析し、その能力を育成するに最もふさわしい教材を作り、指導法を考え、この本を作成しました。この本の内容をよりよく理解されて、生きて働く能力を身に付けられることを望んでいます。

2005年2月吉日
編集委員会を代表して

大阪電気通信大学
総合情報学部
メディア情報文化学科
教授　工学博士　石桁正士

目次

まえがき ・・・・・・・・・・・・・・・・・・・・・・・・・1
目次 ・・・・・・・・・・・・・・・・・・・・・・・・・・・3

第1部　理論編 ・・・・・・・・・・・・・・・・・・・・・5

第1章　問題解決能力の必要性 ・・・・・・・・・・・・・・・7
　1.1　ビジネスマンの仕事と問題解決 ・・・・・・・・・・・・7
　1.2　問題の確認、明確化と「問題解決／業務管理表」の作成 ・・8
　1.3　問題解決への着手とその優先順位 ・・・・・・・・・・・8
　1.4　問題解決に必要な基盤能力 ・・・・・・・・・・・・・11

第2章　問題解決の過程と方法 ・・・・・・・・・・・・・・15
　2.1　問題とは ・・・・・・・・・・・・・・・・・・・・・15
　2.2　問題から解決への過程 ・・・・・・・・・・・・・・・15
　2.3　問題解決に必要な方法 ・・・・・・・・・・・・・・・15

第3章　問題解決に役立つ考え方 ・・・・・・・・・・・・・19
　3.1　視座の考え方 ・・・・・・・・・・・・・・・・・・・19
　3.2　視点の考え方 ・・・・・・・・・・・・・・・・・・・19
　3.3　価値観の考え方 ・・・・・・・・・・・・・・・・・・19
　3.4　問題の構造 ・・・・・・・・・・・・・・・・・・・・20
　3.5　問題解決の5つのステージ ・・・・・・・・・・・・・20
　3.6　問題解決学を学ぼう ・・・・・・・・・・・・・・・・21
　3.7　おすすめする参考文献 ・・・・・・・・・・・・・・・22

第2部　実践編 ・・・・・・・・・・・・・・・・・・・・23

第1章　目標達成行動におけるPlan－Do－Seeの役割 ・・・・25
第2章　問題の意識化・問題発見の支援 ・・・・・・・・・・31
第3章　問題意識（新聞記事を使った演習） ・・・・・・・・39
第4章　問題事態の整理法 ・・・・・・・・・・・・・・・43
第5章　7W1H1Dチェックシートを利用した目標記述 ・・・51
第6章　視点からの認識 ・・・・・・・・・・・・・・・・57
第7章　問題解決のための視座 ・・・・・・・・・・・・・63
第8章　問題発見につながる連想 ・・・・・・・・・・・・69
第9章　分類と分類基準 ・・・・・・・・・・・・・・・・75

第10章　ひとりで行うブレーンストーミング・・・・・・・・・・・83
第11章　ネットを用いた情報収集・・・・・・・・・・・・・・・89
第12章　アンケート調査（計画編）・・・・・・・・・・・・・・93
第13章　アンケート調査（実施編）・・・・・・・・・・・・・・99
第14章　手段目的分析（MEA表）の活用・・・・・・・・・・103
第15章　メリット・デメリットの比較と計算・・・・・・・・・109
第16章　最上流過程は問題の見直しの過程・・・・・・・・・・115
第17章　目標達成した結果の自己評価・・・・・・・・・・・・119

あとがき・・・・・・・・・・・・・・・・・・・・・・・・・125
著者紹介・・・・・・・・・・・・・・・・・・・・・・・・・127
研究会の紹介・・・・・・・・・・・・・・・・・・・・・・・128

Tea Time Break

（1）私の問題解決　〜就職活動〜・・・・・・・・・・・・・14
（2）教養教育と問題解決能力・・・・・・・・・・・・・・・18
（3）私の問題解決　〜カナダ研修に向けて〜・・・・・・・・38
（4）研究会活動と出版・・・・・・・・・・・・・・・・・・50
（5）私の問題解決　〜アルバイトで〜・・・・・・・・・・・56
（6）問題はやさしい所からアプローチしよう・・・・・・・・62
（7）私の問題解決　〜経験のないことを発表するには〜・・・68
（8）人とは逆のことをやってみよう・・・・・・・・・・・・74
（9）大学院受験を控えて・・・・・・・・・・・・・・・・・82
（10）私の問題解決　〜ボーイスカウト活動〜・・・・・・・108
（11）問題を解決するということ・・・・・・・・・・・・・114

第1部
理論編

第1章 問題解決能力の必要性

　私たちはこの世に生を受けてから今日まで、家庭や地域社会でいろいろな問題を解決しながら生活を営んできています。学生諸君はさらに学校生活でいろいろな問題に遭遇し、また、社会人にとっては、会社、官庁、商店など一日の3分の1以上を費やす職場での仕事は問題解決の集合だと言っても過言ではありません。（問題および問題解決の定義は次章で行います。）

　家庭生活、地域社会生活、学校生活を楽しく過ごすために、また社会人が仕事で成果を収めるためには、優れた問題解決能力が必要不可欠です。この章では、ビジネスマンの会社生活を例にとり、日々遭遇する諸問題とこれらへの取り組み、問題解決の際の留意事項、問題解決に必要な基盤能力について考えてみます。

1.1 ビジネスマンの仕事と問題解決

　中堅営業マンAさんが現在抱えている「問題」、取り組まねばならない「仕事」を見てみましょう。Aさんは通常の販売活動業務、すなわち、顧客、顧客見込みを訪問し商品の販売活動をする、上司への報告書を作成する、顧客、競合商品、競争会社などの情報の整理やファイリングをするなどの業務の他に、以下のような問題や業務を抱えています。

---

①情報のファイリングシステムが十分でなく、欲しい情報がなかなか取り出せない。
②今月20日の営業会議の資料を作成しなければならない。
③来春に市場に出す新製品の販売戦略を考えなければならない。
④来週転入してくる新部員Bさんの受け入れ教育計画を立てなければならない。
⑤来週転入してくる新部員Bさんの受け入れ教育を担当しなければならない。
⑥労働組合の執行委員をしている。来月30日に会社との労使協議会があるが、それまでに組合員の意見を聞き、会社への要望書をまとめなければならない。
⑦T地区のX製品の売上が落ち気味のようである。原因を調べて、対応策を立てなければならない。
⑧顧客M社のC部長から、一度飲みに行こうと誘われている。
⑨顧客N社のD重役から、子息の当社への就職を頼まれた。
⑩部会の世話役をしているが、年末の忘年会の企画を立てなければならない。
⑪製品Yの後継品の企画について、販売部門としての要件をまとめ、企画部、技術部、製造部、物流部と協議しなければならない。
⑫大事な顧客P社から、昨日納入した製品Zについてクレームがきている。

　このように、有能なビジネスマンは通常の業務の他に、本来の業務をより効率的により高度なレベルで達成できるようにするための業務、会社や部門に共通的な業務、突発的な問題など、常

に10件～数10件の業務や問題を抱えています。

このような業務や問題を、他者から見て「問題になっていない」、会社としての「問題にならない」ように解決し、遂行していく能力を保有するのが有能なビジネスマンです。

1.2 問題の確認、明確化と「問題解決／業務管理表」の作成

上記のように、優秀なビジネスマンほど多くの問題や業務を抱えているものです。問題や業務をついうっかり忘れたり、重要な問題の解決や業務への着手が遅れて「大きな問題」になったりしないために、「問題を認識したり、発見したりした段階」、すなわち、第2章で説明する問題解決の第2ステージの始めに「問題解決／業務管理表」を作成することをお勧めします。問題の確認や、明確化に役立つ方法論については「第2部　実践編」で説明します。

この表には①目的、②目標（解決された状態）、③納期（目標達成を必要とする期日）、④目標達成に要する期間、⑤重要度、⑥緊急度、⑦難易度の欄を設けます。①、②、③、④の項目については問題を確認し、検討して記入すると共に、⑤、⑥、⑦の項目に、例えば、「高」、「中」、「低」のように評価結果を記入します。図1-1に第1.1節の④を取り上げた管理表の例を、図1-2に第1.1節の⑫を取り上げた管理表の例を示します。

1.3 問題解決への着手とその優先順位

問題の確認、明確化が完了すれば、問題解決策の検討および実施に着手します。上記の通り、一人のビジネスマンは10～数10の問題を同時に抱えていますから、問題に対し、無計画に手当たり次第に取り組んだり、すべてを自分一人で実施しようとするやり方では、大事な問題の解決に遅れをとったり、うっかり取り組みを忘れてしまったりします。

問題の解決案の検討、実施への取り組みの前に、着手する問題および業務の優先順位付けを行います。優先順位を付けるため、問題および業務を緊急度順（高→低）・重要度順（高→低）に並べ、この順に取り組みます。緊急度・重要度が同じ場合は、難易度の低いものから取り組みます。次に、この順に取り組んだ時、すべての問題および業務について目標の納期までに達成できそうかどうかを確認します。

納期遅れが生じると判断した場合は次のように調整します。

（1）重要度が「中」、「低」の問題、業務について、**納期を遅らせることができないかどうかを検討する。**

上記のビジネスマンの例で言えば、「情報ファイリングシステムが十分でなく、欲しい情報がなかなか取り出せない」という問題を解決するために、「今月末までに新しいファイリング体系を確立し、来月末までに部門の全資料をこの体系に従って整理し直す」という目標を設定していましたが、この問題は「経営課題」としては短期的には致命的なものではありませんので、例えば「目標達成時期を2カ月遅らせる」ことにし、上司の了解を得ます。

整理No. : 4	整理年月日 : 2004年12月 6日

問題／業務：
来週転入してくる新部員のBさんの受け入れ教育を担当しなければならない。

目的：
新部員のBさんが当部で早く一人前の仕事をできるよう
・当部全体の業務の概要を把握してもらう。
・担当する業務の内容を把握してもらう。

目標：
・上記目的を達成する教育計画を作成し、Bさんの上司のグループリーダーおよび部長の了解を得る
・上記教育を担当する講師を選任し、教育を依頼する。
・教育場所（会議室）を確保する。

納期／完了目標期日 ： 2004年12月10日

完了までの所有期間 ： 4時間

緊急度 : 高	重要度 : 中	難易度 : 中
開始日 ： 2004年12月 6日		完了日 ： 2004年12月 7日

備考
・昨年当部に転入してきたEさんの受け入れ教育計画を参考にする。

図1-1 問題解決／業務管理表（記入例1）

第1章 問題解決能力の必要性

整理No. ： 12	整理年月日 ： ２００４年１２月 ７日

問題／業務：
大事な顧客Ｐ社から、昨日納入した製品Ｚについてクレームがきている。

目的：
・クレームによる顧客Ｐ社との関係の悪化を防止する。 　・他の顧客での同種のクレームの発生の危険があればこれを防止する。

目標：
・速やかに顧客Ｐ社を訪問し、お詫びをする。 　・クレームの実態を正確に把握する。 　・クレーム報告書を作成し、社内の関係先に連絡する。 　・他の顧客にも同種のクレームの発生の恐れがあるかどうか検討する。

納期／完了目標期日 ： ２００４年１２月 ７日		
完了までの所有期間 ： 　６時間		
緊急度 ： 高	重要度 ： 高	難易度 ： 中
開始日 ： ２００４年１２月 ６日		完了日 ： ２００４年１２月 ７日

備考
クレームの実態が正確に把握できた段階で、その原因、状況によっては 　　－クレームへの応急対応処置 　　－他の顧客でのクレーム発生の防止のための応急処置 　　－クレーム発生原因調査チームへの参画 　　－クレーム発生原因への対応処置チームへの参画 　などの業務が発生する。

図1-2　問題解決／業務管理表（記入例２）

（2）他の人に問題解決および業務遂行の一部を依頼できないかどうかを検討する。

　何でもすべて自分でやらなければならないということはありません。問題解決および業務遂行の時間を作り出すために、「他の人に依頼できるものは他の人に依頼する」方法です。上記のビジネスマンの例で言えば、「①来週転入してくる新入部員の受け入れ教育を担当しなければならない」、「②部会の世話役をしているが、年末の忘年会の企画を立てなければならない」という業務、問題です。①については、教育計画を立てる段階で上司や同僚にできるだけ多く分担してもらい、自分の役割を少なくする計画にする（上司や同僚の了解を得る）、②については、他にも世話役がいるはずだからその人にできるだけ多くの役割を依頼する、他に世話役がいない場合は誰か別の人に今回に限り世話役を依頼する、といったやり方です。

（3）目標達成に要する期間の短縮方法を検討する。

　まず、うまい方法を見つけて、期間の短縮をするか、他の人の応援を求めて、期間の短縮をするなどといった方法を検討します。さらに、全体目標をサブ目標にブレークダウンし、緊急を要するサブ目標に先に取り組み、時間的に余裕のあるサブ目標への取り組みを遅らせることも検討してみます。

.4　問題解決に必要な基盤能力

　問題解決を行うのに有効なツールがいろいろと工夫されています。「実践編」でベーシックなもののいくつかを紹介し、習得していただきますが、こうしたツールを活用する前提として保有していなければならない「基盤能力（リテラシー）」があります。

　基盤能力には、初等教育、中等教育で習得しておくべき「基本能力」と、高等教育で、あるいは初等教育、中等教育を終えて社会に出た後に短期間に習得すべき「応用能力」とがあります。

（1）基本能力

　以下に、基本能力をいくつか紹介します。

・計算する	・正しい日本語を話す
・比較する	・自分の伝えたいことをうまくまとめて話す
・差を見つける	・人の話すことを正確に理解する
・同一性を見つける	・人から話を上手に聞きだす
・特徴をみつける	・人を説得する
・分類する	・文書の作成ルールを知っている
・順位づけをする	・社会の基本的なルールを知っている
・要約する	

　上述のような基本能力は、初等教育、中等教育段階で十分にマスターしておくべき能力です。高等教育段階に入っても、さらに社会人としていろいろな職業についた段階でも、これらの能力に首をかしげたくなる人がたくさんいます。こうした能力について自分の弱みを知り、機会を捉

えてその向上に取り組みましょう（こうした基本能力に関して、経済協力開発機構（OECD）が昨年実施した国際的な学習到達度調査の結果が公表されました（15歳を対象）。日本は、数学的リテラシー（応用力）は41カ国中、前回の1位から6位に下がり、8位だった読解力が14位に下がった、文章やグラフから情報を読み取って解答する点で読解力によく似た「問題解決能力」の順位は4位で、トップグループを形成している、と報告されています）（朝日新聞、2004年12月7日）。

（2）応用能力

次に応用能力について説明します。応用能力は具体的な問題解決に際して上記の基本能力を組み合わせ、問題解決の各フェーズで活用していく能力です。ビジネスの世界では、有能な人は「仕事のできる人」と呼ばれています。「仕事のできる人、できない人（堀場　雅夫著　株式会社三笠書房　2003.8）」という書物があります。著者は著名な企業家ですが、ここで記述されている「できる人」の基盤能力（応用能力）に関するいくつかについて見てみます。

＊決断力
　すばやい決断をするためには、前もって判断基準を準備をし、いろいろなケースについて考えておき、具体的な問題に直面した時にこれらを当てはめてすばやく決断します。経験が豊富であることはすばやい決断につながります。

＊集中力
　集中力がなければよい発想、よい仕事ができません。集中力をそれほど長時間継続することはできません。短時間でもきわめて強い集中力を高める訓練をしましょう。

＊信念をもつ、価値観をもつ
　ここ一番の決断は信念でするものです。しっかりした信念を持ち、価値観を持っていれば、大一番の勝負で迷うことなく決断ができます。

＊人に仕事がまかせられる
　自分一人でできる仕事は小さなものです。部下を信頼し、部下に仕事を配分して仕事をまかせ、チームとして大きな仕事を完成させていけるのがよきチームリーダーの必須条件です。

＊目標設定能力
　問題解決に際して、問題の確認、明確化の次にやらねばならないのが「目標の設定」です。問題がうまく解決されたかどうかは、まず、目標が的確に設定されたかどうかに依存します。目標はさらにサブ目標に分解し、具体的に取り組みやすいようにします。

＊計画立案力
　問題解決のためには、設定された目標達成のための方法、手順、使用する資源、期間などを明確にした綿密な実施計画を作成することが必要です。問題解決のためには高度な計画立案力が必要です。

＊企画力
　アイディアを出すだけでは目標を達成したことになりません。アイディアを現実のものにするのが企画力です。アイディアを現実のものにするのに相当な費用と時間がかかるものです。

*時流を読む力

どんなによいアイディアであっても、時流にのったものでなくては成功しません。時流を読む力が大切です。

*忘却力

失敗したことにくよくよしていては前に進めません。失敗は取り戻せばよいのです。失敗を早く忘れ、成功体験のみインプットして新しい問題に取り組むことが大切です。

*時間の使い方がうまい

電車を待つ間、電車に乗っている時間、会議の始まる前、など一日の行動の節目をリミットとしてうまく時間を使えることが大切です。

*リスクに挑戦する

失敗を恐れていては大きな仕事ができません。

*バランス感覚

物事を判断するのにバランス感覚が大切です。バランス感覚とは「両極端のものを併せ持つ」という意味です。2つのものを足して2で割るということではないことに注意しましょう。

*熱中できる

何事もおもしろおかしく、そのことに没頭できなければよい仕事はできません。

*情報収集力

問題解決のベースは情報であり、問題解決力の最も基本となるのが情報収集力です。注意すべきことは、情報収集のいろいろな技法の前に人と人とのつながりがあるということです。人的ネットワークについて絶えず注意を払っておきましょう。

*会議運営力

職場では、多くの時間が会議に費やされています。会議の4分の3は不要と言われています。議長として、リーダーとして、上手な会議の運営方法を習得する必要があります。

　これらの「仕事のできる人、できない人」の書物の中で「仕事のできる人」の能力として記述されたものの他に習得しておきたいものとして、モデル化力、ネゴシエーション力、プレゼンテーション力、リーダーシップ、マネジメント力などがあります。

　こうした応用能力については、短期間に、すべてを習得し活用できるレベルまで到達できるというものではありません。自分にとってやさしいもの、取っ付きやすいものから習得を進めてください。また、具体的な問題の解決や業務の場でのこれらの応用能力の発揮が必要となる局面において、必要な知識、方法論を確認して取り組み、完了後にもう一度その目標達成度と能力の発揮度を評価し反省します。これにより一層の能力向上が図れます。

Tea Time Break（1）

私の問題解決　～就職活動～

　私が体験した就職活動での問題解決のお話です。
　私は、就職活動を始めた当初、「就職なんて誰でもできる、就職できないというのは何も考えていない人だからだ」というような安易な考え方をしていました。しかし、それは何も知らない無知な考え方であったということが、入社試験を受けるにつれて分かってきました。
　私は、個人面接で何度も落ちるという経験をしました。それが、1社目、2社目のうちは、そんなこともあるだろう程度にしか考えていなかったのですが、10社、15社受けても結果は同じだったのです。そこで私は、初めて確実に自分に何か足りない点があることを自覚したのです。ただ何が足りないのかということに気づくことができませんでした。
　そして、試行錯誤が始まったのです。服装、敬語の使い方、面接室への入り方、椅子への座り方などを徹底的に練習してみました。それでも状況は変わりません。こういった状況で私は他に名案が思いつくでもなく、私の卒業研究をみていただいている教授に就職の相談をすることにしました。すると、突然質問をされました。もう質問の内容を失念してしまいましたが、そのときの質問は「はい、そうです。」、「いいえ、違います。」という返事で答える形式のものばかりだったということだけ覚えています。しかし、私はそれらの質問に対し、「それは云々…」、「これは云々…」といったように、一番聞かれている「はい」、「いいえ」を答えず、まわりくどい説明ばかりしようとしていたのです。教授は私の返事を聞いて、「君には、質問の意図を正確に理解し、質問の意図にあった返事をするということができていない。」と指摘されました。やっと私も気がついたのです。今までの面接でも「はい」、「いいえ」を聞かれている質問に対しても、まわりくどい説明ばかりしようとし、肝心の答えを言っていなかったのです。そのことを頭に入れ、受けた2社目の会社で内定をいただくことができました。
　これは正確には私が行った問題解決ではないと思われるかもしれません。しかし、自分に何か問題があるのではないかと意識して初めて問題解決の第一歩になることに気がついたのです。私は15社以上受けるまで、私自身が何か問題を持っているという意識すらしていなかったのです。問題意識を持って初めて問題を発見しようという行動を起こすことができました。それが教授に相談するという行動だったのです。
　自分できちんと問題を発見できない、どうしても解決できないという場合は、自分の周囲の人に意見を求めることが重要だということも学びました。たとえ、その相手が今回のように目上の人でなくとも、後輩や同輩に意見を求め、異なる視座から見ることが問題解決には重要なのではないかと考えています。

第2章 問題解決の過程と方法

　この章では、一般に行われている問題解決の標準的な過程を述べています。実際の問題解決では、ここに述べた通り行われているわけではありませんが、参考にしてもらえることが多々あります。

2.1 問題とは

　まず問題解決には、明確な問題が存在しないといけません。たとえ問題となる事態（現状）を正しく認識し、もしもその事態を解決したらこのような状態になるという解決状態（望ましい状態）が想定でき、解決のための方策もあって、その方略（企画や計画）に基づいて解決行動を起こしても、解決状態に到達しない時にはじめて問題が起こっているというのです。何の支障もなしに、問題となる事態から解決状態に楽々と到達するような場合には、問題があるとは言いません。それは単なる作業をしているに過ぎないのです。

　問題とは、漠然としたものではありませんし、簡単に解決できるものではありません。言うなれば、「一体何が問題なのか」、「なぜそれが問題なのか」をきわめて明確に記述されていなければなりません。これを「問題の明確化」と言います。問題は誰にも「これが問題だ」ということが明確に示されていることが必要なのです。

　もちろん、実際にはいろいろなケースがあって、上に述べたような典型的な場合ばかりではありません。例えば、誰の目にも明らかな問題、すなわち顕在的な問題もあれば、表面に現れ難い隠れた問題、すなわち潜在的な問題もあれば、努力して見つけ出す問題、すなわち発見的な問題もあるのです。

2.2 問題から解決への過程

　問題から解決へ、すなわち問題事態から解決状態へは、いくつかの段階（ステージとか、ステップとか、レベルとかいう言い方もあります）からなる過程があります。それらを大掴みにしますと、問題の意識化、問題の発見、問題事態の確認、問題の明確化、解決状態の確認、解決のための方略の検討、解決条件（制限条件）の確認、複数の解決案の案出、最適な解決案の決定（意思決定）、解決への具体的行動、各段階のチェックとまずい所の手直し（フォローアップ）、解決の確認、全過程の反省と評価などです。

2.3 問題解決に必要な方法

　問題から解決に向かう各段階で役に立つ方法をいくつか紹介しましょう。それには、分析とい

う方法も、総合という方法も、発想という方法もありますが、まず基本となる代表的方法の例を取り上げて説明いたしましょう。

2.3.1　因果関係の分析

　因果関係とは、原因と結果の関係のことで、結果には必ず原因があるので、既に起こった結果からその原因を探るための方法です。これを行うには、原因は結果に先行する（時間的に先に存在する）ということと、原因から結果に至る十分な道筋が存在することという2つの考え方を基本にして、分析します。

　問題事態というのはほとんどが結果であって、どの結果にも原因があるのです。しかも原因は1つとは限りません。いくつもの原因が重なり合っているかもしれません。その複雑な状況を、分析によって明確にしなければなりません。

　例えば、きわめて身近な例ですが、最近どうも胃の調子が悪いという場合、胃を悪くした原因を考えてみることです。たいていの場合は、食べ過ぎや飲み過ぎにあると考えられますね。人間はなぜ何回も同じことを繰り返すのでしょうか。その場合も、誘惑に負けるような意思の弱さが原因であると考えるかもしれません。さらに、仕事の上でうまく行かないことが多く、気になって仕方がないという場合から来る胃の不具合もあるでしょう。

2.3.2　手段と目的の関係の分析

　手段－目的関係とは、どんな手段（方法）が許されているのか（打つ手は何か）、どんな状態が出現すればよいのか（目標状態すなわちゴールとは何か）、現状はどうなっているのか（スタートの状態はどうなっているのか）、これら3つのことを明示した上で、互いの関係を明らかにすることです。

　胃の調子が悪い時は、胃薬を飲んだり、消化のよいものを普段より少なく食したり、いつもよりよく噛んだり、決して過食しないようにコントロールしたりすることです。また、欲望に負けないように（過食をしないように）意思を強く持つように心がけることも大切ですね。さらに仕事の上でのストレスからも来ます。胃の調子が悪い（現状）ので、胃の調子をよくし、意思を強く持つということ（目的や目標）のためには、自分に向いたやり方や方法（手段）を冷静に考え、論理的に考えることです。

2.3.3　視座と視点と価値観の分析

　問題に向かう時、どんな視座（立場）から対処しようとしているのか、どんな視点（着眼点とか注目点）を設定しているか、どんな価値観（大切にしたいこと）を守って解決を目指しているのかの3点を明らかにすることです。これを視座－視点－価値観分析と呼んでいます。

　視座－視点－価値観なんて、なかなか耳にしない言葉でしょう。この本では、やさしく解説をしています。

2.3.4 現状の解析

問題事態が発生した時、何（What）が起こっているのか、どこで（Where）起こっているのか、いつ（When）起こったのか、どのようにして（How）起こったのか、誰（Who）が担当者なのか、どのように（How）対処しているのか、どの程度（How）進行しているのか、解決すべき緊急度はどの程度（How）なのか、などなどについて、情報を収集し、項目別に整理します。

2.3.5 位置の把握

組織による問題解決などの過程で、解決活動に関与している自分は、今、組織上どこにいて、解決にどう関わっているのかを把握することは、位置の把握といいます。また、問題解決の段階（ステージ）において、今、どの段階に到達しているのかということを把握することも、位置の把握といいます。

位置の把握は、問題解決の戦略や戦術に深く関わることがあるので、意識してこれに努めることが大切です。

Tea Time Break（2）

教養教育と問題解決能力

　1956年（昭和31年）に駅弁大学と悪口を言われていた地方大学に入学した私は、学芸学部（現在は教育学部）に所属しました。学芸学部というのは、リベラル・アーツ・カレッジで、W大学の1部門であったのです。母校であるW大学のこの学部は、私の父も、母も、叔父も、伯母や叔母も学んだ旧制度の師範学校が統合されてできたものでした。

　新制大学が発足してから、旧師範学校色を払拭するために、初代の学長のI先生は、旧制度の大学教育を受けた先生方を、優先してW大学の教員として受け入れ、新制大学の基礎を固めたと、入学してから聞かされました。

　当時、この学部には、医学進学課程というのがあり、医科大学の教養課程を引き受けていたのです。同期生でこの課程で学んだ何人かは、国公立大学の医学部の専門課程に編入して行きました。したがって、当時の学芸学部というのは、教員養成学部でもあり、ある意味では、教養学部的な機能も兼ねていたのでしょう。

　そのためか、恩師のF教授は、学芸学部は「大学院進学学部」だと説明してくれました。幅広く、しかし浅く学んだら、次は大学院へ進み、1つの分野に限定して、深く学ぶのだと指導されたのです。私はF教授の教えの通り、W大学から比較的近いOC大学の大学院へ進学し、工学研究科で電気工学を専攻しました。

　現在、私は、私立の大学に席を置き、教育工学を専門として、学部教育も、大学院教育も担当していて、現状の大学における教養教育とは何かを考えさせられることが多いのです。

　振り返ってみると、私たちが受けた教養教育は、最早、過去のものとなっています。自然・人文・社会の3系列にわたって9科目36単位と、第1外国語、第2外国語、保健体育を修得するように義務付けられていたようです。私は、美術、文学、社会学、国語国文学、歴史学、統計学、日本国憲法、物理学、数学、化学などを選択しましたが、古きよき時代の教養であったようです。

　しかし、現状の学生諸君は、このような教養には関心が薄く、社会に出た時、役に立つような実学を重んじなければ、なかなか勉学に興味を示してくれないので、いかに実学的教養を取り入れるかが問われているように思います。この本では、社会に出た時に役立つ「問題解決能力」を育成することを目的にしていますから、現状の教養教育に向いた内容を含んでいると考えています。

第3章 問題解決に役立つ考え方

問題を解決していくには、実にさまざまな考え方が必要になりますが、この章では代表的なものをいくつか紹介しましょう。取り上げた考え方は、問題解決にはきわめて重要な働きをする考え方ばかりです。

3.1 視座の考え方

これは、問題を考える時に、例えば問題事態をどれだけ多くの立場から見るのか、どんな立場の人々が関わっているのか、特に関係の深そうな人々とはどんな立場の人々かなどを想像しながら、「立場である視座」を意識することなのです。また、視座のリストを作ったり、視座図という図を描いたりして、多くの視座から問題や解決案を検討するという考え方なのです。

3.2 視点の考え方

これは、問題や解決案を考える時に、例えば問題や事態のどこに着目するのか、どんな点に関心を持つのか、どれだけ多くの点を考えるのかなどを想定しながら、「着眼点である視点」を意識することなのです。また、視点のリストを作ったり、視点図を描いたりして、プレゼンテーションに使用したり、多くの視点をもれ落ちなく検討したりする時に用いる考え方なのです。

3.3 価値観の考え方

これは、問題解決をする時に、大切にしたいことを明確にしながら、解決行動を起こす前に必要な事柄、あるいは作業を行うために必要な事柄などを明示することなのです。「価値観」というと大変難しそうに聞こえますが、要は「大切にしたいこと」、「みんなで守りたいこと」、「伝えていきたいこと」、「他人に誇れること」などを意味する言葉で、「何を先にし、何を後回しにするか」という優先順序なども価値観の考え方であるといえます。それでは、次にいくつかの例を紹介しましょう。

問題解決に関わる価値観の例
（ここに挙げた例は、すべて正しいと言っているわけではありませんので注意してください。いろいろと組み合わせて使っている場合が多いと思われます。）

＊できるだけ人（人材）、物（材料）、金（資金）が少なくて済む方法を採用すること。
＊被害をできるだけ少なくなるような解決案を採用すること。

＊利益ができるだけ多く見込めるやり方を採用すること。
＊法律は絶対遵守すること。
＊きれいごとばかりではだめなので、少々汚いことも取り入れること。
＊最新の技術を取り入れた方法で解決すること。
＊解決過程が納得できれば、結果は少々雑でもよいとすること。
＊解決過程を通じて、人間関係をよくするように人脈作りを優先すること。
＊利益を優先して、今までの付き合いや人間関係は軽視すること。
＊一時の利益よりも、これからの長い付き合いや人間関係を重視すること。
＊ブランドや知名度を重視すること。
＊問題解決者の主体性を尊重すること。
＊危険を避け、安全を優先すること。

 .4　問題の構造

　問題解決に関する学問に、強い関心が持たれた時期がありました。その頃、一般に、問題には解決しやすい問題WSP（Well Structured Problem：扱いやすい構造を持ったもの）と解決しにくい問題ISP（Ill Structured Problem：扱いにくい構造を持ったもの）に大別されました。私たちが直面する問題がWSPかISPかの判断は、まずその問題について、手段－目的分析（第2部第14章にあります）をして、目標（What is wanted：どのような状態が起きれば望ましいのか）、手段（What is given：どんな手段や方法が許されているのか）、現状（How matters stand：現在の状況はどうなっているのか）の3つの事柄の内、2つ以上が不明確である問題をISPとし、1つだけが不明確なものをWSPとしたのです。（3つとも明確な場合は問題があるとは言いません。念のため。）

　ここで私たちが最終的に目指している問題解決は、あくまでもISPの解決ですので、目指している能力の育成もISPを解決する能力を目指しています。とは言っても、教育の場はあくまでも順序立てた訓練の場でありますので、学習者にとって学びやすいように、例題はあえてWSPの解決の例を取り上げています。

 .5　問題解決の5つのステージ

　次に説明したいことは、問題解決の過程にはいくつかの段階（これをステージといいます）があるということです。私たちは5つのステージを想定しています。これら5つのステージは、それぞれ最終ゴールであったり、最終ゴールへ至る途中のサブゴールであったりします。それは問題解決のゴールは、問題ごとに異なることを意味しています。

　では、以下に問題解決の5つのステージを説明します。

①ステージ1：問題意識を持つまで
　このステージでは、まず従来からの価値観を変え、現状を無批判に受け入れるのではなく、意識改革をしながら、いわゆる問題意識を持つまでを言います。問題意識を持つという目標を達成するのがゴールであって、これを私たちは「第1ステージ」と称しています。

②ステージ2：問題を発見し、問題を定式化するまで
　このステージでは、問題意識に基づき、いろいろな情報から問題の発見をし、その問題を明確に記述して、問題を定式化するところまでを言います。問題の定式化をやり遂げるのがゴールであって、これを私たちは「第2ステージ」と称しています。

③ステージ3：問題解決の案を提出するまで
　このステージでは、定式化した問題の解決諸条件を考え、解決案として複数の案を作り出します。そして問題の解決の諸条件を満たし、最適な解決案を1つ策定するところまでを言います。解決案を策定するのがゴールであって、これを私たちは「第3ステージ」と称しています。

④ステージ4：問題解決案を実行するまで
　このステージでは、策定した解決案を実行し、実行過程をよくチェックしながら、計画通りうまくいかないところに手を入れて（フォローアップすること）、問題解決案を完全に実行するところまでを言います。解決案を実行し、解決状態に到達するのがゴールであって、これを私たちは「第4ステージ」と称しています。

⑤ステージ5：問題解決を評価するまで
　このステージでは、いよいよ問題解決が終わり、実行した問題解決の結果が良かったのか、良くなかったかの評価を行い、さらに解決後のフォローアップのところまでを言います。問題解決の実行結果を評価し、後始末をするのがゴールであって、これを私たちは「第5ステージ」と称しています。

　これらの段階（ステージ）をよく意識し、問題解決者の自分が、今、どの段階にいるのかをはっきりと意識するようにしましょう。

.6　問題解決学を学ぼう

　世界的な名著に、数学者のG．ポリア著の「いかにして問題をとくか」があります。この本は、確かに数学の問題の解決方法が取り上げられているのですが、一般的に問題解決を学ぶ上で大いに参考になることが書かれています。例えば、未知のものは何か、既知のものはすべて配慮したか、他の方法はないかなど、いろいろな知恵が書かれています。ぜひ、ご一読をお薦めします。

　また、私たちが注目する本に、安西祐一郎著の「問題解決の心理学」があります。問題解決に

は、3つのプロセスがあると書かれています。①問題を理解するプロセス、②問題を解くプロセス、③解を吟味するプロセスです。そして、3つのプロセスのキーポイントは、①目標を把握すること、②目標を達成するための手段を把握すること、③まだ目標が達成されていない現在の状態を把握することです。さらに、「意味敏感性」や「知識の構造化可能性」に触れ、「人間は自由に目標を創り出すことができる」ことの大切さを述べています。これもぜひ一読して欲しい本です。

3.7 おすすめする参考文献

（1）堀場雅夫著：「仕事のできる人、できない人」、三笠書房、2003年。
（2）奈良井安著：「問題解決力を鍛えるトレーニングブック」、かんき出版、2002年。
（3）飯久保廣嗣著：「解決学　15の道具」、日本経済新聞社、2004年。
（4）G・ポリア著、柿内賢信訳：「いかにして問題をとくか」、丸善、1954年。
（5）安西祐一郎著：「問題解決の心理学」、中公新書、1985年。
（6）上級SE教育研究会編：「SEのための仕事術心得ノート」、日刊工業新聞社、2004年。
（7）石桁正士編：「やる気の人間学」、総合法令出版社、1998年。

第2部
実践編

第1章 目標達成行動における Plan−Do−Seeの役割

1.1 学びの目的

　人は普段からいろいろな形で目標達成行動を行っています。具体的に言うと、これはどうしたらよいか分からない状態から、目的や目標を達成した状態にもって行くことになります。ただ、それを計画的に行っている場合もあれば、また無計画に行っている場合もあります。

　皆さんは、無計画に行動して、失敗や後悔をしたことはありませんか。計画をしっかりと立てないまま行動を起こした場合、その結果は必ずしも望ましい方に向かうとは限りません。

　そこで、目標達成行動においては、計画（Plan）をしっかりと立てること、次にその計画を忠実に実行（Do）すること、そして、まずかった所を反省（See）し、手直しすることが大切です。この3つの段階を意識して目標達成行動を行うことが必要なのです。

　そこで、今後、皆さんが失敗や後悔をしないために、目標達成行動を行う際にPlan−Do−Seeの考え方を身に付けることが本章の目的です。

1.2 内容の解説

1.2.1　Plan−Do−Seeとは

　「Plan−Do−See」とは、目標達成行動の一連の過程を示しています。「Plan」は目標達成行動をするための計画を立てる段階のことであり、「Do」は計画にそって実行する段階のことであり、「See」は実行したことに対する点検や修正や評価や反省を行う段階です。

　こうした一連の段階を眺めると、連続性があることに気づくことでしょう。Plan→Do→Seeの過程で終わるのではなく、次にまた修正後のPlan→Do→Seeというように進むのです。これを続けることをPlan−Do−Seeのサイクルと呼んでいます。

　一般的にはPlan−Do−Seeを用いますが、「Plan−Do−Check−Action（PDCA）」の形で説明されることもあります。この「Check」はPlan−Do−Seeの「See」すなわち、反省や評価、修正の部分であり、「Action」は、その反省や評価を実行に移す意味となります。

1.2.2　フィードバックとフィードフォワード

　第1.2.1項で説明したように、Plan−Do−Seeは、1つの過程で終わるのではありません。検討・反省・評価したことをもとにして、計画を立て直したり、修正したりすることが大切なのです。この元へ戻すことをフィードバックと呼びます。

　上記の説明では、フィードバックは、SeeからPlanに戻っていますが、反省した結果をDoの段

階に戻すことも考えられます。

　さらに、別の目標が出てきた時に、今回行った検討・反省・評価したことを役立てることができることも考えられます。今回行った検討・評価・反省を、将来出会うであろう別の目標達成に活用することをフィードフォワードと呼びます。このフィードフォワードは、あくまでも次なる別の目標達成におけるPlanの段階に役立てる考え方です。これらのことを図1-1のように表現してみましょう。

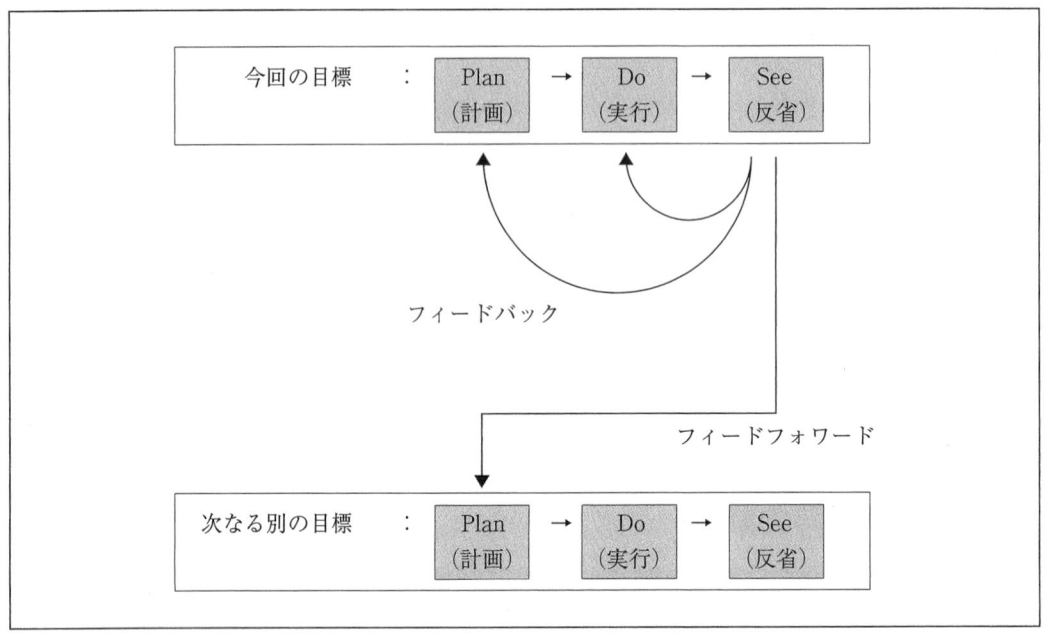

図1-1　Plan－Do－Seeとフィードバックとフィードフォワード

1.3 問題解決の例

　本章では、友人と旅行に行くという誰にでも経験している身近な例を取り上げ、その一連の行動の中で、どのようなPlanを作り、Doし、点検や反省や評価であるSeeをしたのかを考えてもらいましょう。

　あまりにも例が簡単過ぎると思うかもしれませんが、一連の行動や流れの中では何がPlanで、何がDoで、何がSeeなのかということは意外に意識していないものです。自分が一体どんなPlan－Do－Seeを行ってきたのかを見直してみることは、今後の目標達成上、Plan－Do－Seeを意識するためのきっかけとなりますので、身近なところから始めてみましょう。

1.4 ワークシート

1.4.1 シートの説明

本章で用いる図1-2のワークシートをPlan-Do-See確認シートと呼びます。このシートを利用することによって、目標を達成するための計画、計画に沿った実行、実行の過程についての反省や、まずかった所のフォローアップの重要性に気づき、Plan-Do-Seeの過程についての理解を深めることを目指しています。

特に図1-3のシートでは、1つのPlanに対し、そのDoがあるか、Seeがあるかということを意識し、抜け落ちのないように記述することを心がけてください。そうすることによって、自分が意識せずに行っていたPlanやDoやSeeを発見することができ、フィードバック、フィードフォワードする際に役立つことでしょう。

1.4.2 シートの使用方法

Plan-Do-See確認シートの使用方法について説明しますと、まず、あなた自身の経験や体験をもとに、目標を達成したと思える出来事を思い浮かべ、テーマを決定してください。テーマを決定したら、図1-2のシートにテーマとあなたが経験した出来事の内容を、分かりやすい文章にして書き示してください。

次に、文章にした内容を、Planの段階、Doの段階、Seeの段階に分け、2枚目のシートに書き込んでください。2枚目のシートには箇条書きで記入してください。また、まとめた文章には書かれていないことであっても、各段階の記入を見て思い出したり、対応しているものがないと感じて思いついたりしたものはどんどん書き込んでください。

記入する内容は、過去の出来事のことなので、実行段階、反省段階は、ともに過去形で示してありますが、計画段階を過去形で示すと、実行したことと混同しやすくなるので、過去の出来事であっても、計画段階だけは現在形で示すことにしましょう。

1.5 この章で学ぶべきポイント

過去の経験や体験を思い起こし、Plan-Do-Seeの一連の流れを整理し、意識してみることで、自分が無意識に行っていたことや考えていなかった過程を見つけるきっかけになったことと思います。そして、今後の自分の目標達成行動において、常にPlan-Do-Seeとフィードバックやフィードフォワードを意識できるようになることが重要なのです。

提出日：2004年4月5日　　　　　　　　　番号： 99044　氏名：　解決　枝葉

Plan－Do－See確認シート（No.1）

手順1：あなたがこれまで自分で行った旅行の計画と実行を思い浮かべ、テーマを決めて
　　　　ください。

テーマ：　　　　旅行の計画を立て、実行する。

手順2：決定したテーマの内容を、分かりやすい文章にして示してください。

文　章：
　私は高校時代の友達4人と、国内旅行に行くことにし、その計画を立てることになりました。旅行先について5人で話し合った結果、海があり、眺めのきれいな香川県の小豆島に行くことに決めました。また日程については、5人がそれぞれ休みである、土曜、日曜を利用して行くことにしました。
　そこで、予算額を決める、観光地を調べる、交通手段を調べる、スケジュールを立てる、宿泊先を予約するなどについて、それぞれの役割分担を決め、また小豆島で釣りをするために、釣り道具一式を持って行くことにしました。
　旅行当日、1人が5分ほど集合時間に遅刻しましたが、余裕を持ってスケジュールを立てていたので、姫路港から出る連絡船に十分間に合い、1時間30分程で小豆島の福田港に到着しました。
　旅館に着いた後、荷物を部屋に置き、観光に出かけることにしました。まず、名物の醤油の製造元が設立したM記念館に行き、かつて使われていた醤油工場の見学をしました。次に、オリーブ公園に行き、ハーブ園やギリシャ風車が回る芝生公園を訪れました。その後、手延べそうめん館に行き、そうめんづくりを体験する予定でしたが、その日は残念ながら休館日であったため、そうめんづくりは体験できませんでした。
　次の日の朝は、自宅から持ってきた釣り道具を持って、近くの海岸へ釣りに出かけました。後で分かったことですが、釣り道具は旅館で貸してもらうことができたそうです。スケジュールをすべて消化した後、帰省の時間になったので、それぞれ帰宅して、旅行は終わりました。

図1-2　旅行の記述例（シートNo.1）

提出日：2004年4月5日　　　　　　　　　　番号： 99044　氏名：　解決　枝葉

Plan－Do－See確認シート（No.2）

手順3：No.1に記入した文章の内容を、Plan（計画段階）、Do（実行段階）、See（反省段階）に分け、各記入欄に記入してください。

Plan 計画	・旅行の日程を決めることにする。 ・行き先を決めることにする。 ・予算を決めることにする。 ・宿泊先を決めることにする。 ・観光地等を調べ、スケジュールを立てる。 ・持っていくものを決めることにする。
Do 実行	・旅行の日程を決定した。 ・行き先を決定した。 ・予算を決定し、予算に合った宿泊先を予約した。 ・交通手段を調べた。 ・観光地を調べた。 ・土・日曜日を利用して、船で小豆島へ旅行した。 ・寒霞渓、オリーブ公園、手延べそうめん館に行った。 ・釣りに出かけた。
See 反省	・余裕を持って立てたスケジュールは良かった。 ・事前にきちんと予算を考えていたので、余裕を持って旅行ができた。 ・手延べそうめん館の休館日について調べる必要があった。 ・釣り道具を貸してもらえるかどうか旅館に聞いておく必要があった。

図1-3　旅行の記述例（シートNo.2）

.6 参考文献

（1） 石桁正士著：「情報処理的問題解決法」、パワー社、1990年。
（2） 岡本敏雄、西野和典編著：「教職必修 情報科教育のための指導法と展開例」、実教出版株式会社、2002年。
（3） 教職課程研究会編：「教職必修 工業科・技術科教育法」、実教出版株式会社、2002年。

第2章 問題の意識化・問題発見の支援

2.1 学びの目的

　人間は何らかの悩みや心に問題を持っていても、自分ではその実体が何なのかよく分からないということがあります。誰しも、そんな経験があると思います。このようなもやもやした状態から脱出するためには、自分が何らかの悩みを持っているのではないかと意識し、自分が何に悩んでいるのか、何が問題なのか、何が問題の核心なのかを知ることが先決です。

　この章の目的は、あなたが気づいていない悩みや問題に気づいて貰うこと、問題を発見して貰うことにあります。

2.2 内容の解説

2.2.1 問題意識とは

　問題解決の過程において、まず大切なことは、自分が問題を持っているということに気づくことです。この自分が問題を持っているのではないかと考えることが問題を意識するという緒（いとぐち）であり、問題意識を持ち始めるきっかけとなるのです。

　そもそも問題意識を持つとは、問題を問題として認識していない、あるいは問題があることすら認識できていない時に、何か問題はないのだろうかと自問自答すること、問題に気づこうと努力すること、問題を正しく認識しようとすることを言います。問題を解決していく一連の過程では、問題意識を持つということが何よりも重要になります。

　問題解決の過程において、問題意識を持つことがなぜ大切なのか考えてみましょう。それは、人間は問題に気づいた時、または、問題を問題と認識できた時に、初めてその問題を解決しようという意思が生まれるからです。この気づきがなければ、問題を問題として受け止めることができず、発見のチャンスを見逃してしまい、解決につなげていくことができず、生きて働くための能力開発ができないことになるのです。

2.2.2 問題意識を持つために

　では、問題に気づくためにはどうすればよいか考えてみましょう。まず、問題に気づくには、自分の心の中を知らなければいけません。一体、自分にどんな悩みがあって、どんな状態になっているのかを考えることが大切です。それには、まず心の中を整理することが不可欠です。

　では、心の中を整理するにはどうすればよいのでしょうか。心の中を整理するといっても、簡単にできるものではありません。何の方法も用いずに心の中を整理することはとても難しいこと

です。

　心の中で整理するのが難しければ、それを一度、外に出してみてはどうでしょうか。外に出して、それを目で見ながら整理していくことで、何かに気づくことができるかもしれません。問題意識を持つために、思い切って心の中のものを外へ出して、整理してみましょう。これは、心の中のことを映す鏡を持つことを意味します。

2.3　問題解決の例

　記入例では著者が実際に過去に経験し、このシートを用いて問題を発見した例を紹介しています。著者は当時、大学4回生で、卒業研究のこと、将来の就職のこと、教育実習のこと、アルバイトのことなど、様々な悩みがありましたが、自分が何について悩んでいるのか、何が問題であるのかをはっきりと理解することができず、ただなんとなく悩んでいる、何かが心にかかる、というもやもやした状態にいました。

　そこで、問題の意識化・発見の支援シートを用い、自分の心に思い浮かぶ、悩みや問題を捉えられるようなキーワードを抜き出し、それを整理することで、何を悩んでいたのか、何が問題なのかを発見することができたのです。

　1週間、毎日自分の気になっていることをキーワードとして書き出したところ、「就職」、「SE」、「教員」など自分の将来についての悩みや、「卒業研究」や「研究」など、卒業研究についての悩みなどの事柄があることが分かりました。また、将来についての悩みでも、自分がSE（システムエンジニア）になりたいのか、教員になりたいのか、どちらを目指すべきなのかということに悩んでいたことが分かりました。このシートに記入する前は、ただ漠然と将来のことについて悩んでいたのですが、このシートを記入することによって、自分の悩みは、2つのやりたいことの間で、どちらを選択するべきかを悩んでいるということが分かり、具体性を持ちました。そうした結果、著者は自分の進路が未解決だという問題をしっかりと認識することができ、今後はこの問題の解決を目指せたのです。

2.4　ワークシート

2.4.1　シートの説明

　問題意識を持ち、問題を発見するための手段のひとつとして、問題の意識化・問題発見の支援シートがあります。この問題の意識化・問題発見の支援シートは著者自身が自分の悩みや問題に気づけないという状況を解決するために作成したもので、図2-1、図2-2のように2枚で1組になっています。

　問題の意識化・問題発見の支援シートは、問題意識を持つこと、自分の悩みや問題を自分で発見することを目的としています。このシートは、頭の中で整理できないことを頭の外に出して整理するためのもので、問題に気づくためのひとつの手段と考えてください。

　方法としては、ある週の7日間、悩みや心にかかる事柄について、感じたことを思いつく限り

言葉（キーワード）で書き出します。記入した最後の日にそれらを見直し、整理するという方法にしています。そして、重要と思うことがら（キーワード）を見つけることによって、自分の問題に気づいて貰おう、あるいは自分で問題を発見して貰おうというものです。気づいたこと、あるいは発見したことを文章にまとめることで、その発見したことを改めて問題として認識して貰おうというものです。

2.4.2 シートの使用方法

(1) シートの記入

図2-1と図2-2の問題の意識化・問題発見の支援シートの使用方法について説明します。まず、シートの1枚目のキーワード記入欄に、ある週の7日間に起こった悩みや、これは問題に関わるかもしれないと思ったことについて、思いつく言葉を毎日記入してください。単語やキーワードを書くときの注意点は、重複してもかまわないということです。つまり、同じ言葉が何回出てきてもかまいません。また、言葉の数はいくつあってもかまいません。これ以降、これらの言葉やこれらの言葉から新たに連想した言葉をキーワードと呼ぶことにします。キーワードは、思いつく限り、たくさん書いた方がよいでしょう。ただし、悩みや問題に関わる言葉に限定し、単なる日記のようになってしまわないように注意してください。

1枚目のシートの記入が終わったら（1週間分のキーワードを出し終えたら）、2枚目のシートに進んでください。ここでは、1枚目のシートで記入したキーワードを分類する作業を行います。分類の方法として、記号を使用し、その記号にそれぞれ定義を付けて、1枚目のシートで記入したキーワードの右横にその記号を付けていくという作業を行います。ここで注意すべきことは、記号を付ける作業は1日ごとに行うのではなく、最後の日、すなわち7日目に一気に付けるということです。キーワードを分かりやすくするための分類を行う気持ちで、一気に付けるということがポイントです。つまり、複数回出てくるキーワードには同じ記号を付けることになります。大切なのは、分類を徹底することなのです。

(2) 整理と分類

この記号を付けるという分類の仕方は、各自の考えで行うとよいでしょう。

記号の例を示すために、ここでは「矢印」を使用し、それぞれの矢印の定義づけしたものをシートの2枚目に示してあります。定義を表2-1にまとめ、その中に説明を書いてありますので、分類の仕方が思い浮かばない時や、例の分類の仕方が自分に合っている時は、この例の矢印の分類の方法を使用してください。しかし、できるだけ自分で記号や定義を考えた方がよいと思います。

1枚目のキーワードに記号を付けた後、2枚目のシートに記号の種類ごとにキーワードを書き写してください。この際、複数回出てきたキーワードについては、キーワードの後に括弧書きで出てきた回数を明記しましょう。数が多く出てきているということは、それだけ気にかかっていることであるといえるでしょう。

2枚目に写し終えたら、それをしばらく眺め、その中で自分にとって重要だと思うキーワードに丸を付けていきましょう。

最後に、丸を付けたキーワードを見直し、自分自身に悩みや問題がないかを考えてみてくださ

い。そして、自分が問題だと気づいたものを文章にしてもらいます。文章にすることで、より問題意識をはっきり持って貰おうという意図があります。

　もちろん、自分の考えた記号とその定義で分類しても、例題の矢印とその定義で分類しても、その後は同じ過程を経ることにより、問題の意識化を図れるはずです。

　なお、4つだけでは、事柄を分類しきれないという人は、他の紙を用意し、分類の作業をしてみるとよいでしょう。しかし、あまりにも数が多くなるとかえって整理がし難く、問題発見に至らないことがありますので、4つから6つくらいに分類することをお勧めします。

表2-1　分類のための記号（矢印）とその定義

記号	定義
↑	前向きに考えている事柄。 （やる気で取り組めそうなもの。頑張ろうと思うもの。）
↓	前向きに考えられない事柄。 （やれん気的なもの。やっていられない理由があるもの。）
→	あまり考えなくてもよいと思う事柄。 （やらされ気的なもの。しかしやらないといけないもの。）
←	考えたくないと思う事柄。 （やらん気的なもの。やりたくないもの。逃げ出したいもの。）

（3）矢印の説明

　ここで表2-1の矢印のひとつひとつを説明しますと、まず、↑（上向きの矢印）は前向きに考えている事柄に付けます。前向きに考えている事柄とは、自分がやる気になって取り組めそうだとか、頑張ろうと思える事柄と定義しています。

　次に、↓（下向きの矢印）は前向きに考えたいにも関わらず、前向きに考えられないような事柄に付けます。これは、頑張ろうとは思うけれど、何らかの理由があってそうできないような事柄と定義しています。

　次に、→（右向きの矢印）はあまり考えなくてもよいと思う事柄に付けます。重要でないと思っているが、いずれはやらなくてはいけないような事柄と考えるとよいでしょう。

　最後に、←（左向きの矢印）は、考えたくないと思う事柄に付けます。これは、考えたくない、やりたくない、そんな思いのする事柄と考えましょう。

2.5　この章で学ぶべきポイント

　本章の問題の意識化、問題の発見は、自分の心の中にある悩みや問題に関わる事柄についてのことです。この手法は仕事を遂行する上で活用するには時間がかかりすぎるので不向きな手法といえるかもしれません。

　しかしながら、長い期間をかけなくても、心の中の悩みや問題を発見するために、または、仕事の手順や仕事の重要度などの仕事に関する整理できていない事柄を見直したり、整理するため

提出日：2004年4月8日　　　　　　　　　　　　番号：1181　　氏名：解決 志太郎

問題の意識化・問題発見の支援シート

手順1：悩みや問題について思い付くキーワードを、毎日、下の表に書き込んでください。
　　　　キーワードは重複して書いてもかまいません。
手順2：書き込みが終了したら、No.2のシートを使用してください。

月／日	曜	キーワード	特記事項
4／1	月	就職 ← SE ← バイト → 研究 ↓	
4／2	火	教員 ← 仕事 ← 単位 ← 教育実習 ↑	6／1～ 教育実習
4／3	水	SE ← 就職活動 ↑ テスト ← バイト → お金 →	
4／4	木	将来 ← 卒業研究 ↓ 単位 ← 卒業 ↓ 教育実習 ← バイト →	
4／5	金	単位 ← 夢 ← 教員 ← 就職 ← 研究 ↓	
4／6	土	教育実習 ← お金 → システム ← 公務員 ↑	
4／7	日	SE ← システム ← 仕事 ← 就職活動 ← 教育実習 ← バイト →	

※特記事項には、特にメモしておきたいことを記入してください。

図2-1　問題の意識化・発見の例（No.1）

提出日：2004年4月8日　　　　　番号：1181　氏名：解決 志太郎

問題の意識化・問題発見の支援シート

手順3：左下の記号とその定義（例）の表を参考に、右下の表に自分なりの分類を考えてみて下さい。
手順4：1枚目に書き込んだキーワードの右に記号をつけてください。（もちろん、例の矢印を使用しても構いません。）
手順5：記号の種類ごとに、下の表にキーワードを記入して下さい。重複するキーワードには、後ろに（ ）をつけ、その回数を書き込んでください。
手順6：このシートを使用したことによって見つけた問題を下の欄に書き込んでください。

記号	キーワード				記号	定義
(↑)	就職 (2)	SE (3)	教員 (2)	教育実習 (4)	公務員	就職活動 (2)		
(↓)	システム	仕事 (2)	将来				
	研究 (2)	卒業研究	卒業	夢			
(→)	バイト (4)	お金 (2)					
(←)	単位 (3)	テスト					

※特記事項には、特にメモしておきたいことを記入してください。

記号	定義
↑	前向きに考えている問題。（やる気で取り組めそうなもの。頑張ろうと思うもの。）
→	前向きに考えられない問題。（やれん気的なもの。やっていられない理由があるもの。）
→	あまり考えなくてもよい問題。（やらされ気的なもの。しかしやらないといけないもの。）
←	考えたくないと思う問題。（やらん気的なもの。やりたくないもの。逃げ出したいもの。）
1	将来のことが悩みとなっている。教員になりたいという思いと、SEになりたいという思いがあり、どちらが自分に向いているのか、本当に自分がしたい職業がどちらなのかが分からない。
2	卒業をするために、卒業研究をしなければならないが、行き詰まっていて、研究のことを考えたくなくなっている。

図2-2　問題の意識化・発見の例（No.2）

に、一度キーワードの形にするなどして書き出し、目に見える形にすることは有効な手法といえます。自分の悩みや問題を発見するためだけではなく、その他の場面でもこの手法（目に見える形にして、分類したり、整理したりするやり方）を活用してもらいたいと思います。

2.6 参考文献

（1）情報教育学研究会編：「情報社会で役立つ　情報教育の知恵」、パワー社、1997年。
（2）石桁正士編：「やる気の人間学」、総合法令出版社、1998年。

Tea Time Break (3)

私の問題解決　～カナダ研修に向けて～

　私の通っている大学では、毎年2月にカナダへ語学研修旅行（以下、カナダ研修と記します）を開催しています。参加を希望する3回生の学生が対象になっています。

　私は3回生の始め頃に大学からカナダ研修の案内パンフレットが送られてきたことをきっかけに参加したいという思いが芽生え、カナダ研修に参加しました。しかし、参加を決めた時点で私には大きな問題があったのです。それは参加資金の問題でした。

　私の貯金だけでは、とうてい足りないことが分かっていたのですが、様々な事情から両親に頼ることができない状態だったのです。しかも、参加を決定してから9カ月という短い期間しかなく、アルバイトをして貯めるにしても、簡単にはいかないという状況だったのです。

　この問題をどのように解決したのかを紹介したいと思います。

　まず、解決案として、私はアルバイトを掛け持ちで2つすることにしました。その際、効率よく働くことができるように、働く時間帯の異なるアルバイトを見つけました。自分の時間を効率よく利用し、アルバイトでお金を貯めようと思ったのです。

　この時に、いくつか配慮したことがあります。

　まず1つ目は、アルバイトの面接の際、カナダ研修に行くという目的があることを伝え、その期間は出勤できないことを伝えました。カナダ研修は1カ月間あるので、その間休みを貰うか、カナダ研修の前でアルバイトを辞めるかということも、きちんとアルバイト先と相談しておいたのです。これは、アルバイト先に迷惑をかけないようにと思ったためです。

　2つ目は、私は学生ですので、学業がおろそかにならないように、大学の授業を最優先にシフトなどの希望を出すようにしました。

　3つ目は、忙しすぎて倒れてしまわないように、睡眠はしっかりとるよう心がけ、体調管理に気をつけました。

　4つ目は、スケジュール帳にこまめに記入するようにし、自分のスケジュールを無理のないようにきちんと管理したことです。

　そして、5つ目は、普段から節約をするように心がけたということです。

　私は、2つのアルバイトをしながらも、大学を休んだりせず、病気をすることもなく、目標の金額をため、カナダ研修に行くことができました。ただ単にお金を貯めようと思っても、なかなか実現しないのが実状だと思いますが、目標を明確にすることで、努力ができるのだということを実感したのです。

　今回の問題解決が成功したのは、本業をおろそかにしないように配慮したこと、体調をきちんと考慮したことにあると思います。もしも無理をしていたら、体が持たなかったかもしれませんし、途中で挫折していたかもしれないと思うのです。

　問題解決の要点は、目標を明確にし、その目標に向かって、じっくり、こつこつ、決して無理せず取り組むことなのではないかと思います。

第3章 問題意識（新聞記事を使った学習）

3.1 学びの目的

　第2章の「問題の意識化・問題発見の支援」では、自分の悩みや問題に関わる事柄に焦点を当てて、何が問題であるのかを意識すること、問題を発見することを目的として学びました。この章では、自分が抱える個人的な問題に焦点を当てるのではなく、新聞記事を使って、広く生活の中で起こっている問題を意識する力を磨くことを目的としています。

3.2 内容の解説

3.2.1 問題意識とは

　問題意識とは、問題を問題として認識していない、あるいは認識すらできていない時に、現状の中で何か問題はないだろうかと意識すること、問題に気づこうと努力すること、問題を正しく認識することを言います。これについては、第2章の「問題の意識化・問題発見の支援」のところでも述べた通りです。

　問題といっても色々な種類の問題があります。解決策がはっきり分かっているものや、既に解決に着手しているものは、問題としなくてもよいのかもしれません。本当の問題は、潜在的で、しかし着実に進行しているものかもしれません。さらに解決の方向も分からないものかもしれません。

　実は、このことに気づくことが問題を発見する一歩手前の問題意識を持つことにつながるのです。意識を持つということは、価値に気づいたり、価値を認識したりして初めて発見することができたり、解決へ向かう気持ちを起こすことができたりするのです。

3.2.2 問題の具体化

　生活の中で、困っていること、不満に思っていること、何とかしたいことなど、少し考えただけでも色々と出てくると思います。この章で改めてじっくりと考えてみてください。そして、頭の中に思い浮かべたことをより具体化し、その内容を箇条書きにして、書き出した項目のひとつひとつについて考えてみてください。あなたが書き出した項目の中で、解決策がはっきり分かっているものや、解決に着手されていると思われる事柄には、チェック欄を設け、○△×印をつけてください。○印は解決できそうなもの、△印はやや不安なもの、×印は全く不明なものにつけます。

　×印のついた事柄がいくつありましたか。すべてに×印が付いた人もいるかもしれません。

今、×印が付いている項目こそ、あなたが関心を持っている（価値があると考えている）事柄なのかもしれません。

どのようなことを書けばよいのか分からない人のために、書き出した例を**表3-1**に示しましたので、参考にしてください。

表3-1　気になる事柄の例とチェック

気になる事柄	チェック
旅行に行って、自然が減少していることが気になった。	△
友人がマルチ商法に引っかかり、困っている。	○
テレビのバラエティ番組を見て、つくづくだらしなく思った。	×
信号無視の若者バイクを目撃した。	×
迷惑メールが1日10件を越えている。	△
多発している災害に、自分の家は何ら準備をしていない。	△
近所に火災があったが、放火の噂がある。	△
ドル円レートで、1＄が100円を切りそうだ。	×
駅前広場に不法駐輪が多い。	×

（解決できそうなもの…○、やや不安なもの…△、全く不明なもの…×）

3.3　問題解決の例

図3-1の記入例では、「21世紀の学校教育をどうするか」という新聞記事を取り上げています。この記事には、学校教育の問題として、少年犯罪や教育現場でのいじめの問題、最近問題になっている教師の適性などについて書かれていました。そこから、自分の意見を出し、何を考えたのか、最終的に何に気づいたのかをまとめています。

3.4　ワークシート

3.4.1　シートの説明

新聞記事を用いた問題の意識化シートは、新聞記事を読んで感じたことを書き出し、それをまとめることで、広く生活の中で起こっている事柄を意識する力を磨くために作成しました。使用方法はいたって簡単で、どのように考えていくかという流れも分かりやすいものになっていますので、難しく考える必要はありません。

3.4.2　シートの使用方法

まず、テーマのところには、新聞記事の内容がどういったことを扱っているかを記入してください。新聞記事の見出しを必ず記入してください。

| 提出日： 2004年2月22日 | 番号：20707　氏名：意識　枝葉 |

新聞記事を用いた問題の意識化シート

手順1：テーマを記入してください。

| テーマ：　教育問題を扱った記事 |

手順2：新聞記事の見出しを記入してください。

| 新聞記事の見出し　　21世紀の学校教育をどうするか |

手順3：記事を読んで大切と感じたキーワードや思いついた言葉や簡単な文章を記入してください。

①メモ
　少年の犯罪、殺人事件、暴走行為、私語、学級崩壊、いじめ、義務教育ばなれ、テレビの悪影響、大人のずるさ、無責任な教師、遊びぐせ、試験拒否、指導要領、先生の高齢化

手順4：自分の意見をまとめ、箇条書きで記入してください。

②自分の意見
・教育に、学習者も教師も父母も地域の人も参加させる。
・学校の他に、社会のことを学ぶ、第2の学校を作ったらどうか。
・義務教育とは、誰のために必要な制度なのだろうか。改めて考えよう。
・教員採用試験で、学力をみる筆記試験ではなく、実際の授業をやらすなど、教師としての力量があるのかどうかを調べる試験に変えてはどうか。
・現職の教員を定期的に再教育を行う制度を設けてみてはどうか。

手順5：記事の内容と箇条書きにした自分の意見から、文章をまとめてください。

③まとめ
　学校教育の問題といっても、教師だけに責任を押しつけるのではなく、学習者である生徒やその保護者である父母、地域の人々の協力が必要ではないかということが分かった。また、義務教育といっても、学習者である子供たちに学校へ行く義務があるのではなく、親が自分の子供に教育の機会を与える義務を果たさなくてはならないということであって、子供たちが学校へ行く、行かないの選択ができることが分かった。

図3-1　教育問題を扱った記事の記述例

次に、新聞記事を読んで記事の中で大事だと思われることを、単語（キーワード）あるいは簡単な文（キーセンテンス）にし、図3-1のシートの①「メモ」の欄に記入してください。そして、新聞記事に対する自分の意見をまとめ、②「自分の意見」の欄に箇条書きで記入してください。

最後に、記事の内容と箇条書きにした自分の意見から、③「まとめ」の欄に文章を記入してください。

新聞記事はとても身近なものが多いので、時間をかけてじっくり読むというよりは、たくさんの情報を短い時間で把握することが多いと思いますが、ここでは、1つの記事をじっくり読み、自分の意見をまとめるとよいと思います。そこで、以下の時間配分を参考にしてみてください。

（1）新聞を読む時間（10分程度）
（2）新聞記事について考える時間（10分程度）
（3）重要と思う箇所にマーカーを引く時間（5分程度）
（4）自分の意見をまとめる時間（20分程度）

3.5 この章で学ぶべきポイント

新聞を毎日読み、社会で起こっている事柄を知って、その事柄に隠れている問題に気づくことは、社会人としては常識と言えるでしょう。しかし、知っているだけでは何の解決にも繋がりません。それらの問題に対して、自分の意見を持って、人前で自分の意見を述べ、少しでも解決に参加できることが大切なのです。

3.6 参考文献

（1）安西祐一郎著：「問題解決の心理学－人間の時代への発想－」、中公新書、1985年。
（2）池本洋一、岩本宗治、山下省蔵著：「新工業技術教育法」、パワー社、1995年。
（3）情報教育学研究会編：「情報社会で役立つ情報教育の知恵」、パワー社、1997年。

第4章 問題事態の整理法

4.1 学びの目的

　日常生活の中や職場などで起こった問題となる事態に注意を向け、その事態の中から問題点を発見したら、次はその問題の正体は何か、何が問題の核心であるのか等を正しく把握する必要があります。そのためには問題事態が発生した原因が何なのか、問題事態に関して既に得ている情報を整理する必要があります。私たちはこのことを「問題事態の整理」と呼ぶことにしています。
　この章では、問題事態を整理するひとつの具体的な方法を紹介しますので、整理する練習をしましょう。

4.2 内容の解説

4.2.1 問題事態を整理するとは

　事態に関わる事柄を整理するということは、まず問題事態を正しく認識し、正確に記述することから始まります。
　発生した問題事態の原因がひとつであるケースもあれば、複数の事柄が関連し合って事態を引き起こす原因となっているケースもあり、その事柄の関連構造は様々です。この関連し合った事柄を整理し、原因を正しく認識することが必要で、問題事態の結果と位置づけができれば、その結果から原因へ結びつける関係把握思考ができるはずです。

4.3 問題解決の例

　本章では2つの例を取り上げています。
　まず1つ目はアルバイト先で起こった問題です。自分はアルバイト先でチーフという立場です。しかし、人間関係がうまくいかず、その原因が何なのかが分からないという問題を取り上げました。この時、問題事態を整理することで、いくつかの事柄が関連し合って問題が発生していることに気づくことができます。第4.4節でも述べますが、問題事態の整理を支援するシート「整理の支援シート」は2枚組になっていて、2枚目のシートには「マトリックス型」と「ネットワーク型」の2種類があります。この例では、「マトリックス型」を用いて、問題を整理しています。実際に記入した1枚目のシートを図4-1に2枚目のシートを図4-2に示します。
　2つ目の例は情報産業界でシステムを設計する際に起こりうる問題を取り上げています。実社会で起こりうる問題というものは、とても複雑な構造をしています。それは、「マトリックス型」

のように、シンプルに整理することはできません。そこで、この例では「ネットワーク型」を用いて問題事態の整理を行っています。記入したシートを図4-3と図4-4に示します。問題事態というものは、複数の事柄が複雑に絡み合って起こるものだということが分かると思います。それと同時に、このように整理することで、その構造や原因を理解することができ、解決の糸口を掴むことができるでしょう。

4.4 ワークシート

4.4.1 ワークシートの説明

　問題事態を整理する練習をするために、「整理の支援シート」を活用する方法があります。この方法は自分の体験をもとに、どんな問題事態があったかを思い出して、シートに書いて整理してもらうものです。そのシートの記述から重要と思われるキーワード（鍵となる語）を挙げ、キーワード間の関連を考えていくという手法を用いています。このシートは、頭の中で整理し切れないことを、一旦頭の外にキーワードの形で出して、それぞれの視点から事態を見直すという方法で、問題事態を整理するのです。シートは、2枚で1組になっています。

　2枚目のシートは2種類あります。問題事態がシンプルであると感じられる場合はマトリックス型を、問題事態が複雑な構造であるかもしれないと感じられる場合はネットワーク型を利用してください。どちらのシートも、1枚目のシートに記入したキーワードから問題事態を整理する作業を行います。

4.4.2 ワークシートの使用方法

①手順1：まず始めに、1枚目のシートの「テーマ」の記入欄に問題事態を記入してください。この欄には、文章で分かりやすく事態を書いてください。

②手順2：次に、「体験や経験」の記入欄に、どういった悩みや事態があったのか、または問題点があるように感じたのかを、文章で具体的に記入してください。

③手順3：次に、キーワードやキーフレーズ（鍵となる句）の切り出しを行います。「体験や経験」の欄に記入した内容を見直し、そこから事態を説明するのに不可欠なことばであるキーワードや、キーフレーズを抜き出して、簡潔に欄に記入してください。

④手順4：最後に「キーワードやキーフレーズ」の欄に記入したものの中で、特に重要と思われるものに○を付けてください。この時、キーフレーズをいくつかのワードに分割してください。ここまでで、1枚目のシートの記入は終了です。

　1枚目のシートの記入が終わったら、2枚目のシートに進んでください。問題事態がシンプルであると感じられる場合はマトリックス型を、問題事態が複雑な構造であると感じられる場合はネットワーク型を利用してください。

（1）マトリックス型

　まず、シートの「キーワード記入欄」に、1枚目のシートで選び出した（○を付けた）キーワ

提出日：2004年10月14日　　　　　　　　　　　　　　　　番号：02002　　氏名：　　　　整理　枝葉

整理の支援シート（No.1）

手順1：「テーマ」の記入欄に、具体的に問題と感じられる事態を文章で記入してください。

テーマ：アルバイト先の人間関係がうまくいかず、チーフの立場上悩んでいる。しかし何が原因なのかが把握できていない。

手順2：「体験や経験」の記入欄に、どういったことに悩んだのか、どんなことに不満や不安を感じたのかを記入してください。

体験や経験

・仕事の割りにはアルバイトの人数が足りない。
・勤務時間が長いので、疲れる人が多い。
・危険な職場なのに、職場の安全に気を配れない。
・取り扱う商品の品質がよくないと思っているアルバイトが多い。
・仕事をしながらチーフとアルバイトの間の意思の疎通が図れない。

・人間関係がギシャクする。

手順3：「キーワードやキーフレーズ」の記入欄に、「体験や経験」の欄に記入した内容から、キーワードやキーフレーズと思われるものを抜き出して、記入してください。

キーワードやキーフレーズ

・人数不足　　　　　・安全性　　　　　・商品の品質
・疲れ　　　　　　　・人間関係　　　　・意思の疎通

手順4：「キーワード」の記入欄に、手順3で抜き出した内容を写してください。この時、単語1語（キーワード）でないものをそれぞれ単語1語（キーワード）のものはそのまま写してください。

手順5：「キーワード」の記入欄に記入したキーワードの内、特に重要と思われるもの、すなわち原因に属するものに○印を付けてください。

キーワード

・人数不足　　　　　・⟨安全性⟩　　　　　・品質
・疲れ　　　　　　　・⟨人間関係⟩　　　　・意見交換

図4-1　整理の例1

第4章　問題事態の整理法　45

提出日：2004年10月14日　　　　　番号：02002　　　　　氏名：整理　枝葉

整理の支援シート（No.2）

手順6：以下のキーワード記入欄に、手順5で選出したキーワードを記入してください。
手順7：2つのキーワードを見て、問題となる関係を記述してください。

キーワード1： 人数不足	キーワード2： 疲れ	キーワード3： 安全性	キーワード4： 人間関係の改善	キーワード5：
キーワード1： 人数不足	人数が少ないと、疲れがひどい。	人数が少ないと仕事量が多くなり、安全に気を配れなくなる。	人数が少ないと、話をする時間がない。また、人数が多いと、話さない人が出てくる。	
キーワード2： 疲れ		勤務時間が長くなると、疲れで注意力が散漫になり、安全に注意できなくなる。	疲れがたまになり、人に対してやさしくなれないで悪が残る。	
キーワード3： 安全性			人間関係が良くないと雰囲気が悪くなり、安全性に気を配れなくなる。	
キーワード4： 人間関係の改善				
キーワード5				

図4-2　整理の例（1）マトリックス型

提出日：2004年10月14日　　番号：　02002　　氏名：　整理　枝葉

整理の支援シート（No.1）

手順１：「テーマ」の記入欄に、具体的に問題と感じられる事態を文章で記入してください。

テーマ：　　システム開発グループでの悩みが多すぎる。

手順２：「体験や経験」の記入欄に、どういったことに悩んだのか、どんなことに不満や不安を感じたのかを記入してください。

体験や経験

・仕事の割りには開発グループの人数が足りない。
・納期までの期間があまりにも短く、残業が多い。
・経費の関係からあまり残業をするなと言われている。
・システムの品質の向上のため、もっと時間が欲しいという声がメンバーの中に多い。
・顧客のシステム使用環境が特殊で、設計が難しい。

手順３：「キーワードやキーフレーズ」の記入欄に、「体験や経験」の欄に記入した内容から、キーワードやキーフレーズと思われるものを抜き出して、記入してください。

キーワードやキーフレーズ

・グループの人数不足　・短納期できつい　・経費押さえ　・仕事量
・品質の向上　・納入先の使用環境　・上司とグループメンバーとの関係

手順４：「キーワード」の記入欄に、手順３で抜き出した内容を写してください。この時、単語１語（キーワード）でないものをそれぞれ単語１語（キーワード）にまとめてください。
単語１語（キーワード）のものはそのまま写してください。

手順５：「キーワード」の記入欄に記入したキーワードの内、特に重要と思われるもの、すなわち原因に属するものに○印を付けてください。

キーワード

・人数不足（○）　・短納期（○）　・品質
・経費押さえ（○）　・使用環境（○）　・人間関係（○）

図４-３　整理の例２

提出日： 2004年10月14日　　　　　　番号：02002　氏名：　整理　枝葉

整理の支援シート（Ｎｏ．２）「ネットワーク型」

手順６：○の中に、シート１で出したキーワードを記入してください。

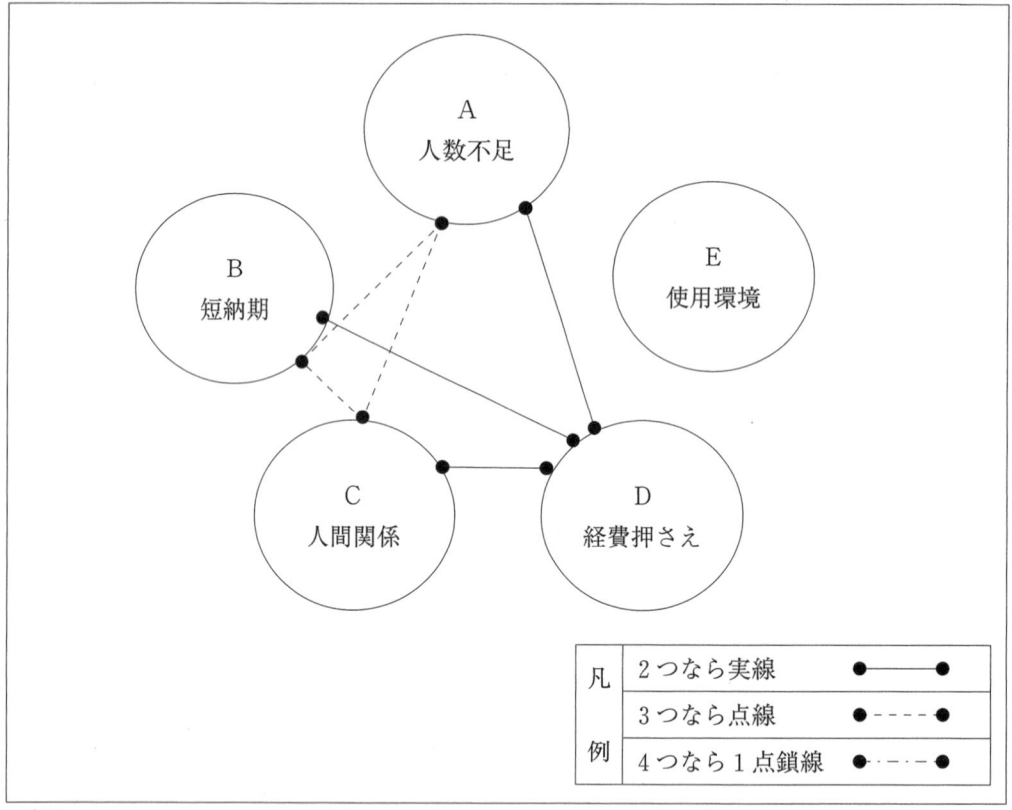

```
        A
      人数不足

  B                E
 短納期           使用環境

      C        D
    人間関係   経費押さえ
```

凡例
| 2つなら実線　　●────● |
| 3つなら点線　　●----● |
| 4つなら1点鎖線　●-・-・● |

手順７：２つのキーワードの間に関連性があれば、キーワードを凡例の線にならって結線し、関連性記述欄の２つの間でという欄に、その関係を文章で記入してください。
手順８：３つのキーワードの間に関連性があれば、手順７と同様に以下の欄に記入してください。
手順９：４つのキーワードの間に関連性があれば、手順７と同様に以下の欄に記入してください。

関連数	関連性記述欄
２つの間で	Ｂ－Ｄ　：短納期のため、必要上経費の管理が重要になる。 Ｃ－Ｄ　：経費のかけ方が人間関係にも影響を及ぼすようになる。 Ａ－Ｄ　：人数が足りないが、人員を補充すると経費が高くなるので補充できない。
３つの間で	Ａ－Ｂ－Ｃ：人数が足りておらず、納期に間に合わせるにはどうしても残業や徹夜が多くなる。無理なスケジュールで進めているため、どうしても人間関係への配慮ができなくなる。
４つの間で	

図４-４　整理の例２（ネットワーク型）

ードを記入してください。そして、あるキーワードと他のキーワードとの間に、関連性があるかないかをすべての組み合わせで考え、考えついた関連性をシートに文章で記入してください。

(2) ネットワーク型

1枚目のシートで選び出した（○を付けた）キーワードをすべてシートの囲みの中に記入し、A、B、C…と記号を付けてください。そして、A、B、C…のキーワードの中からまずは任意の2つのキーワードを取り上げ、両者の間に関連性がないかを考え、考えついた関連性を記述欄に文章で記入してください。2つのキーワードの組み合わせのすべてについて作業を行います。

次に、任意の3つのキーワードを取り上げ、それらの間に関連性がないか考えてください。同様に、4つのキーワードを取り上げて関連性を考えてください。

なお、キーワードが5つ（この場合は、5つがすべてと仮定しています）の関連性に関しては、全体的に見れば関連があるのはもちろんなのですが、今回はそれぞれを整理することを目的としているので、除いてあります。

4.5 この章で学ぶべきポイント

本来、問題事態とは複数の事柄が相互に関連し合って起こるものです。問題事態に関わる事柄を整理し、図表に表現することによって、内在する問題点を見つけ、解決への糸口を掴めるようになります。

4.6 参考文献

(1) 石桁正士著：「情報処理的問題解決法」、パワー社、1990年。
(2) 上級SE教育研究会編：「SEのための仕事術心得ノート」、日刊工業新聞社、2004年

Tea Time Break (4)

研究会活動と出版

　私の趣味のひとつは、研究会の立ち上げとそのお世話です。1962年（昭和37年）のこと、母校のW大学に、「物理教育の研究会」を先輩のH氏と立ち上げました。当時、私はOC大学の大学院生で、比較的自由な時間があったので、夜中までH氏宅にお邪魔して、設立趣旨や活動計画や会則などを検討することができました。研究会を発足させ、維持できたのは、W大学の恩師のN先生が全面的にバックアップしてくださったという大きな力があったからです。その研究会が、今日の「教育理学研究会」となって続いています。

　この研究会の大きな特徴は、会費ゼロでの運営です。会費がないということは、必要経費は稼がねばならないことを意味しています。もちろん、毎月1回の研究会の会場は、会場費の要らない大学などで行いました。私が考え、実行したことは、研究会での実績を「本」として出版し、その印税をすべて研究会の維持費として使うことでした。また、研究会として、学会で発表する時も、できる限り「会員連名」で行ったことです。会費がゼロということは、やる気のない会員はどんどん退会させることができるというすばらしい利点があったのです。

　さて、研究した内容をまとめ、本として出版するには、多くの作業が必要です。幸いなことに、研究室の研究生（大学院修了生や大学卒業生で、研究を続行している人々）、大学院生（本学だけでなく、他大学の大学院生も含めて）、卒業研究生（研究室で卒業研究や卒業制作などを行っている人々）などが、多大の協力をしてくれました。1冊の本を出すということは、まことに大変な作業です。

　また、出版を引き受けてくださる会社の協力もありました。「基礎科学実験」、「教育情報処理」、「マルチメディア時代と情報教育」、「情報処理的問題解決法」などでお世話になったP社のH社長さんには、感謝また感謝です。最近は、日刊工業新聞社さんにお世話になることが多く、この研究会だけでなく、上級SE教育研究会も数冊出版していただいております。

　研究会は、同じ価値観を持つ有志が集まって、得られた知見を交換し合うという楽しみの場であります。やる気のある方ならどなたでも歓迎というのが、私の基本姿勢です。

第5章 7W1H1Dチェックシートを利用した目標記述

5.1 学びの目的

　問題を解決する過程の初期の段階で重要なことは、まず目標を十分に把握し、目標を達成するための行動をきちんと記述することです。つまり、問題を解決するために何をすべきかを具体的に考えること、すなわち、目標達成のための一連の行動を頭の中で整理し、解決のための計画案を作成することが大切になります。

　この計画案を作成する時に7W1H1Dという視点（視点とは、目の付け所のことを言います）のセットを用いると、一連の行動についての情報を漏れ落ちなく記述できるというメリットがあり、計画のための文書として見落しのない文章を完成することができます。

　本章では、この7W1H1Dという視点のセットを用いて、目標を明確に記述できるようになることを目的としています。

5.2 内容の解説

5.2.1 7W1H1Dとは

　7W1H1Dとは、人間の行動を漏れ落ちなく記述する時に用いる視点のセットのことで、この9つの視点をベースに目標達成のための一連の行動を記述することができます。これとよく似た新聞記者用語の5W1Hも視点のセットの例で、5W1Hの方が一般的に知られているかもしれません。しかし、人間の行動を観察した結果、5W1Hでは、漏れがあるのです。そこで2つのWと1つのDを追加した、7W1H1Dをおすすめします。

　では、7W1H1Dについて具体的に説明しましょう。例えば、「朝、台所で、母親が、子供に、タンパク質をとらせようとして、卵を、目玉焼きにして、スプーンで、食べさせている」というどこにでもある風景を取り上げてみましょう。この風景を記述した文から、次のように人間の行動を項目別に取り出すことができます。

　「朝」という時刻や時間（When）、「台所で」という場所（Where）、「母親が」という行動の主体すなわち主人公（Who）、「子供に」という客体すなわち相手（Whom）、「タンパク質をとらせようとして」という目的（What for）、「卵を」という中身や内容（What）、「目玉焼きにして」という手はず（in What）、「スプーンで」という方法（How）、「食べさせている」という行動（Do）の9つの項目を取り出すことができました。この7つのWと1つのHと1つのDをまとめたのが、7W1H1Dという視点のセットなのです。例文を7W1H1D形式にまとめたものを表5-1に示しました。

表5-1　7W1H1Dの説明

7W1H1Dの各項目		記述内容（例）	
1．When	時刻や時間	いつ	朝
2．Where	場所	どこで	台所で
3．Who	主体すなわち行動の主人公	だれが	母親が
4．Whom	客体すなわち相手	だれに対して	子供に
5．What for	目的	何のための	タンパク質をとらせるために
6．What	中身や内容	何を	卵を
7．in What	手はず	どんな風に	目玉焼きにして
8．How	方法	どんな方法で、～を使って	スプーンで
9．Do	行動	どうしたのか	食べさせている

　なお、Howについては、方法だけではなく、コストを意識すべき問題（いくら費用が必要か、いくら予算を計上するか、損益の分岐はどこかなどを考える必要のある問題）なら「How much」を、必要個数を準備するのなら「How many」を、移動の距離を示したいのなら「How far」などを必要に応じて追加することができます。つまり、少し高度に考えるなら7WnH1Dというように考えることもできます。特に社会では「How much」はとても重要な項目と言えるでしょう。

5.2.2　7W1H1Dのチェック方法

　7W1H1Dを用いて各項目を書き出し、それを最終的に文章にまとめた時、各項目に記入した内容が正しいかどうかを判定するためのチェック方法があります。専門家や7W1H1Dに詳しい人達がいなくても、以下の方法を用いると自分で自分の記述内容をチェックすることができます。

　When（時刻や時間）、Where（場所）、Who（主体すなわち主人公）、Whom（客体すなわち相手）、What for（目的）、What（中身や内容）、in What（手はず）、How（方法）の8つの項目を1つ1つ取り上げ、それぞれを、Do（行動）に結び付けて意味が通るかどうかを確認することによって、記入した内容が正しいかどうかを判定することができます。つまり、それぞれの項目をDoに結び付けた時に、文章が認知できなかったり、意味が通らなかったりする場合は、その項目の記述はどこかに漏れ落ちや間違いがあるのです。

　では、実際にチェック例を紹介しましょう。例文にある、「朝、台所で、母親が、子供に、タンパク質をとらせようとして、卵を、目玉焼きにして、スプーンで、食べさせている」でチェックを行ったものを表5-2に示します。

　表5-2の例ではすべてのチェックで、結果はYesになっています。つまり、この例の文章では、9つの項目すべてを意味が通るように記述できていることになります。

　もしも、Noがあった場合は、その項目について、適切なものに修正する必要があります。

なお、記述内容をチェックする目的は2つあります。まず、1つ目は各項目が正しく記入されているか、そして2つ目は、文章全体が目標を明確に記述したものになっているかの2つです。

表5-2　7W1H1Dの記述のチェック方法の例

記述内容のチェック				文章のチェック			判定
時間は	「朝」か	→	Yes	朝	食べさせたのか	→	Yes
場所は	「台所」か	→	Yes	台所で	食べさせたのか	→	Yes
主人公は	「母親」か	→	Yes	母親が	食べさせたのか	→	Yes
相手は	「子供」か	→	Yes	子供に	食べさせたのか	→	Yes
目的は	「タンパク質をとらせるため」か	→	Yes	タンパク質をとらせるために 食べさせたのか		→	Yes
中身は	「卵」か	→	Yes	卵を	食べさせたのか	→	Yes
手はずは	「目玉焼きにして」か	→	Yes	目玉焼きにして 食べさせたのか		→	Yes
方法は	「スプーンで」か	→	Yes	スプーンで 食べさせたのか		→	Yes

5.3　問題解決の例

　図5-1に示した例は教育現場での対策を具体的に考えた場合を取り上げました。数学の教師が、連立方程式を理解できない生徒に、何とか理解させたいという状況における目標設定を記述しています。この例をヒントにして、部下や新入社員の教育などに置き換えて考えてみるのもよいでしょう。

5.4　ワークシート

5.4.1　シートの説明

　7W1H1Dチェックシートは、9つの項目について、対策者が実施する解決案について、最終的に文章が出来上がることを目的とするものです。各項目は具体的に表現しやすいところから行います。記入の順序を気にする必要はありません。思いついた順に記入していくのがコツです。

5.4.2　シートの使用方法

　7W1H1Dチェックシートは、まず初めに、テーマを設定することから始まります。解決しようとしている「テーマ」を記入欄に記入してください。そして、順番に各項目を考え、自分で考えた言葉の記入欄に記入してください。そして、最後に各項目を1つの文章に連結し、一番下

提出日： 2004年2月16日　　　　　　　　　　　　番号：95018　氏名：香井潔　安

７Ｗ１Ｈ１Ｄチェックシート

手順１：テーマを記入してください。

> テーマ：数学の時間、先生は連立方程式の解き方を説明し、演習をさせたが、３人の生徒がよく分からないと言いました。先生は時間がないし、会議もあるので、放課後３人の生徒に自習をさせることにしましたが、単なる自習では理解しにくいと思いました。そこで、コンピュータルームで、ＣＡＩ（コンピュータ学習支援強化システム）を用いて、学習させたらどうだろうかと考え、解決プランを作りました。

手順２：７Ｗ１Ｈ１Ｄの各項目を記入する欄に、自分の考えた言葉を記入してください。

プランの７Ｗ１Ｈ１Ｄ記述	項目	意味	自分で考えた言葉
	When 時刻や時間	いつ	放課後
	Where 場所	どこで	コンピュータルームで
	Who 主体（主人公）	だれが／だれは	数学の先生は
	Whom 客体（相手）	だれに／だれを／だれと	よく分からないと言った３人の生徒に
	What for 目的	何のために	連立方程式の解き方を分からせようとして
	What 内容	何を	数学のドリルを
	in What 手はず	どんな手順で	やさしい問題から難しい問題へと順々に
	How 方法	どのように／どんな方法で	ＣＡＩを利用して
	Do 行動	どうする	学習させる

手順３：各項目をひとつの文章にまとめ、次の枠へ記入してください。

> プラン：
> 放課後、コンピュータルームで、数学の先生は、よくわからないと言った３人の生徒に、連立方程式の解き方を分からせようとして、数学のドリルを、やさしい問題から難しい問題へと順々に、ＣＡＩを利用して、学習させる。

図５-１　教育現場での対策の記述例

にある「プラン」と書かれた記入欄にまとめて記入してください。

　なお、最後の文章を書く前に、第5.2.2項で説明したチェックを行い、7W1H1Dすべての項目を正しく記入できているかどうか、その内容が目標を明確に記述したものになっているかの2つを確認することを忘れないようにしましょう。

5.5　この章で学ぶべきポイント

　問題を解決しようとする時、あるいは問題事態に対して対策をとる時、解決者がこれからどんな行動を取るべきかを把握することはとても重要なことです。しかし、漠然と考えるだけでは、多くの情報を漏らしてしまい、問題の解決に大きな影響を与えることに繋がります。7W1H1Dを使えば、人間の対策行動を漏れ落ちなく記述でき、必ずや問題の解決の助けとなることでしょう。

5.6　参考文献

（1）石桁正士著：「情報処理的問題解決法」、パワー社、1990年。
（2）深川征司著：「最適解を求める問題解決の思考法」、日本実業出版社、1997年。
（3）情報教育学研究会編著：「情報社会で役立つ情報教育の知恵」、パワー社、1997年。

Tea Time Break（5）

私の問題解決　～アルバイトで～

　私は2003年の3月から10月まで、ある携帯電話会社のコールセンターで電話応対のアルバイトをしました。電話応対とは、お客様からの質問や苦情に対して、電話でお答えするという仕事です。電話での応対により、お客様に満足していただけることが、電話応対を行う目的です。

　電話応対の仕事を始める前に、2週間の研修がありましたが、アルバイトに入って間もない頃は、仕事の業績がほとんど伸びませんでした。電話応対での仕事の業績は、1時間当たりの応対件数や、通話中に保留をする長さで決められていました。必要以上にお客様との電話の時間が長ければ、他のお客様を待たせてしまうことになります。お客様を待たせてしまうということは、お客様に不快感を与えてしまいます。私は自分の仕事の業績が悪いということを問題として意識するようになりました。

　そこで、問題点を考えた時に「電話応対という業務に慣れていない」、「業務に関する知識が足りない」という結論に至りました。私は、この2つの問題をできる限り早く解決するために、それぞれ解決策を考え、次の2点を実行しました。

　1点目については、勤務時間を増やす、先輩方の電話応対技術を盗み、自分の技術として吸収する、分からないことは上司に聞くなど、とにかく業務に慣れるように様々な解決行動をとりました。

　2点目については、携帯電話の機種により操作方法や備わっている機能が異なったので、お客様がどんな機種をお使いでも素早く対応できるよう、機種の操作方法の一覧を作成する、新聞や雑誌やインターネットで情報を収集し、ノートに書いて整理しました。『携帯電話』と名のつく記事にはすべて目を通し、携帯電話のハード面の仕組みについても調べる等、知識を収集し、活用できるように工夫しました。

　その結果、業績が伸び、10月には30人のスタッフの中で1番良い成績を上げることができました。その結果から、私の問題は解決できたと思いました。

　私が行った解決策は、言葉にするのは簡単ですが、非常に地味なものでした。業務時間を増やしたからといって、すぐに電話応対の技術が向上することはなかったし、雑誌やインターネットで情報を入手しても、お客様から私が新しく得た情報に対して質問されることもほとんどありませんでした。

　問題解決には、問題を定義して、解決案を考えることも大切ですが、私は解決案を実行する際に、めげずにこつこつと努力をすることが一番大切なのだと思っています。つまり、持続するやる気が大切なのです。困難な問題ほど、目標までの壁は高く、難しいと思いますが、忍耐強く目標に向かって挑戦し続けることが大切なのだと信じています。

第6章 視点からの認識

6.1 学びの目的

　この章では、与えられたテーマや、身の回りにある写真や絵から、認識の過程で必要となる視点を挙げられるよう訓練することを目的としています。多くの視点を挙げられるということは、認識する際の手がかりが多くなるということです。

　さらに問題となる事態が発生したら、すぐに事態の正確な情報と問題の原因が何であるのかを把握しなくてはなりません。そして、最善と思われる解決の手立てを考えなければなりません。その際、ベテランは発生した問題事態についてまず視点を挙げ、そこから原因を想定したり、発見することを行います。

　挙げた視点から、原因などを突き止めることができるようになるためには、まず的確な視点を挙げられるようになっていなければなりません。そこで、本章ではできるだけ多くの視点を挙げる訓練をし、視点図と呼ばれる情報を作成して、的確に対処できるように演習をしましょう。

6.2 内容の解説

6.2.1 視点とは

　視点とは、認識の対象となる事柄の目の付け所（Point of View）のことで、意識的に認識しようとする対象の注目点や着眼点と考えるとよいでしょう。

　例えば、日用品を買うために買い物に出かけ、日頃から関心のある新しい商品（例えばシャンプーとしましょう）を見つけたとします。その新しいシャンプーを見ながら、「価格はいくらか」、「メーカーはどこか」、「内容量はいくらか」、「原材料は何か」、「どんな効果があるか」など、あなたはいろいろなことを考え、確認することと思います。これらはその商品に対するあなたのこだわりであり、また注目点であるとも言えます。これらの「価格」、「メーカー」、「内容量」、「原材料」、「効果」は視点であって、すべて名詞形です（一般に固有名詞は避けます）。

　視点を表す場合は、名詞形で表すことに注意して、これらの他にも、「消費期限」、「材料の原産国」、「ブランド名」、「使用上の注意」など数多くのものを挙げることができるでしょう。

　認識からさらに問題解決へと進んだ場合、問題についても、解決についても視点を数多く挙げられるということは、問題事態や解決策について、より広く、より深く理解することができることであり、列挙した視点を出発点とした解決思考へとスムーズに進むことになるはずです。

6.2.2 視点図

　シャンプーを例に描いた視点図を図6-1に示してあります。きわめて漠然とした認識対象から、着眼した点についての情報を取り出してくるという考え方をしてみましょう。そうすると、図中の矢印は認識対象から情報を取り出している方向を示しています。なお、第7章で学ぶ視座図は、認識対象を見ている人の視線を表しているので、矢印の向きが逆になっていますので注意してください。

　図6-2には図6-1で挙げた視点から認識した情報を示しました。

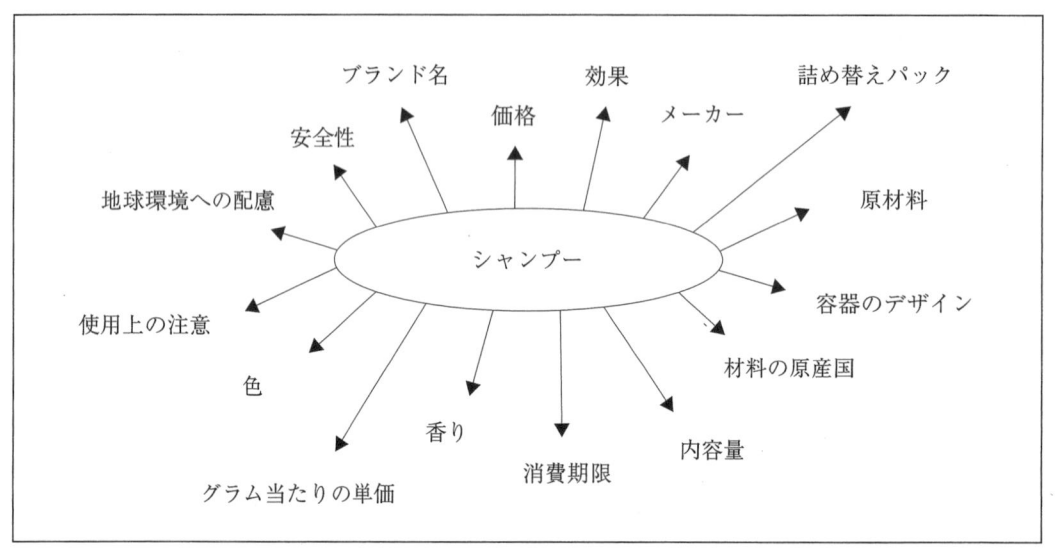

図6-1　視点図の例

図6-2　視点からの認識

6.3 問題解決の例

　ここでは大学選びというテーマを取り上げて、視点リストアップシートに記入してみました。これを図6-3に示しています。就職活動で会社を選ぶ時などに置き換えることもできるでしょう。みなさんも志望校や企業選びの際には様々な視点から目的に合った情報収集を行ったことと思います。

　大学を選ぶ際には、学費という視点から学費は手ごろか、自宅から通える距離か、学食の充実度はどうか、などの関心事がありますね。

　ここでは過去の経験や体験から、身近であったテーマを取り上げ、視点のリストアップと、そこから何を認識していたのかを考える訓練をしてみましょう。

　問題解決の例として、就職活動についても考えてみてください。社会人の方は既に経験されたことですが、希望の企業がある場合にも、給与は良いか、福利厚生は充実しているか、新入社員研修はあるかなどの情報を調べた上で就職活動を行うことと思います。自分の将来に関わる大切なことですので、少ない情報だけで活動せず、視点をたくさん挙げ、しっかりと調査した上で活動しましょう。

6.4 ワークシート

6.4.1 シートの説明

　この章では、身近な言葉や、身の回りにある絵や写真から、視点を挙げることができるようになるために、視点リストアップシートを用意しています。身近な言葉を取り上げて視点を挙げる練習をしてみましょう。そして、挙げた視点からどういったこと（情報）を認識しているのか考えてみてください。

6.4.2 シートの使用方法

　まず、視点を挙げる対象となるテーマを記入します。視点図の楕円の中に記入してください。次に、楕円から出ている矢印の先に、あなたの関心事である視点を記入していってください。なおシートには矢印を10本しか用意していませんので、自分で必要な本数を追加して、できるだけたくさんの視点を挙げるようにしましょう。ここでは、多くの種類の視点を挙げることとテーマに欠くことのできない視点を挙げることが重要です。そして、挙げた視点のうち、関心の度合の高いいくつかをピックアップし、その視点から得られた情報を記入してください。

6.5 この章で学ぶべきポイント

　まずはたくさんの視点を挙げられるようになることと、必要性の高い視点をもれ落ちなく挙げられるようになることが大切で、問題解決においては、この地味な作業をやりぬく能力が必要で

提出日： 2004年9月12日　　　　　番号： 43235　　氏名： 支店　莉須斗

視点リストアップシート

手順1：視点を挙げる対象となるものを図の楕円内に記入してください。
手順2：楕円から矢印を出し、そこに視点を記入してください。なお矢印の数が足りなければ、自分で追加してもらってかまいませんので、できるだけたくさんの視点を挙げましょう。

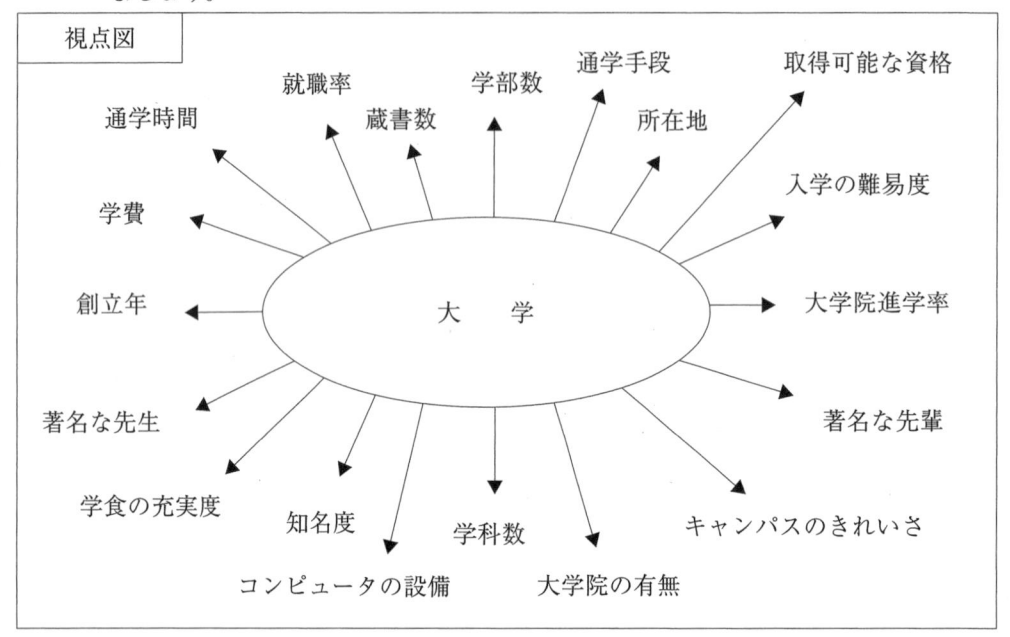

視点図

大　学

（視点：通学時間、就職率、蔵書数、学部数、通学手段、所在地、取得可能な資格、学費、入学の難易度、創立年、大学院進学率、著名な先生、著名な先輩、学食の充実度、知名度、学科数、キャンパスのきれいさ、コンピュータの設備、大学院の有無）

手順3：上で挙げた視点をから関心度の高いものをいくつかピックアップし、得られた情報を記入してください。

視点	→	X大学について認識できた事柄
学費	→	年間130万円もかかって、ちょっと高い。
場所	→	A県B市にあり、通学時間は30分くらい。
就職率	→	98％だが、分母は・・・？
著名な先輩	→	会社社長のH氏、タレントのU氏がいる。
学部数、学科数	→	5学部で13学科ある。
創立年	→	1941年（昭和16年）だ。

手順4：認識の結果を記入してください。
　X大学を進学候補の1つにしよう。

図6-3　大学選びの視点の例

あることを理解します。さらに、日頃から視点を意識できるようになることも必要であると言えます。

6.6 参考文献

（1）国司義彦著：「感性時代の問題解決入門」、PHP研究所、1990年。
（2）中島孝志著：「問題解決ができる人できない人」、三笠書房、2002年。

Tea Time Break（6）

問題はやさしい所からアプローチしよう

　振り返ってみると、ずい分いろいろな問題に取り組んできたものだと思います。出身地の和歌山での雨中の放射能（水爆実験による灰の降下）測定の問題、安価な有機シンチレーター（無機に比べて数100分の1の値段）によるγ線の測定の問題、ランダムウォークシミュレーター開発の問題、規格化したランダムウォークモデルの問題、乱数の検定の問題、モンテカルロ法のモデルづくりの問題、任意の形の膜（これを図形と呼ぶ）に関する振動から固有値を考える問題、固有値の系統図を考える問題、基礎科学実験のテーマ開発の問題、コンピュータによる相談システム開発の問題、やる気の測定（IGF）の問題、物理実験を楽しくするための工夫の問題、交通標識の最適配置の問題、コンピュータによるタコグラフの解析の問題、トンネル（名神高速道路の天王山と梶原両トンネル）内の追突事故解析の問題、教室内の学生の座席位置（占席）調査の問題、メタヒントサーバー（CAPSS）の開発の問題、概念チャートの問題、主観値による評価の問題、上級SE育成の問題、情報教育の問題、・・・

　問題は、実に様々な背景を持って、解決者である私たちの目の前に現れます。どのように問題や問題事態に切り込んでいくか、最初は頭を悩まします。でも、いくつかのケースから得られた知恵で、アプローチの方法を思いつくようになりました。

（1）次元を下げる。3次元（立体）は、まず2次元（平面）から取り組もう。2次元は1次元からというように。
（2）いきなり客観は無理、まず主観から。誰もが、主観的より客観的が望ましいと言います。でも、客観性を保証するのは困難です。まず主観的な所からアプローチし、そのうちに共通主観（客観の前段階）が見えて来る。これが客観につながる。
（3）まず「手」でやる。次にコンピュータで。コンピュータは便利ですから、誰でも最初からコンピュータでやろうと言いますが、まず「手」でやり、「こつ」が分ったら、それを自動化するという手順でいこう。
（4）まず観察し、記録し、データを集める。そしてデータを貯めて、じっくりと見よう。科学的なアプローチの仕方は、事実を見て、記録して、データを蓄えて、それを分析にかける。王道ですよね。
（5）WhatやWhyという第1級の疑問は、第2級の疑問Howに問い換えよう。Howの答えが分らない時は、調べてみることです。
（6）分析、総合、把握、創造を組み合わせることが肝要。情報にしても、情報分析をし、情報総合をし、情報把握をし、情報創造をしましょう。

第7章 問題解決のための視座

7.1 学びの目的

　この章では、与えられたテーマと、与えられた写真や絵などから、視座を表す言葉を思いつくように想像力を発揮する訓練をします。そしてテーマや写真に関係が深いと思われる視座を数多く挙げ、その視座を利用して視点を考え、問題を解決していく手がかりを掴みます。
　ここでいう視座とは立場のことであって、立場とは何かを行っている時の人々の役割りとか地位とか専門性などを表している言葉だと考えてください。

7.2 内容の解説

7.2.1 視座とは

　視座を表す言葉は、すべて名詞形です。「〇〇者」、「〇〇係」、「〇〇人」、「〇〇長」、「〇〇師」、「〇〇員」などの形が多いのです。しかし固有名詞（個人の名前など）は一般性の点からなじみません。また、「きれいな」とか、「貧しい」とかいう形容詞は当てはまりません。さらに、「働く」とか、「売る」などのような動詞でもありません。視座を表す言葉は名詞なのです。
　例えば、テーマとして「遊園地の安全の確保」を考えてみましょう。まず「遊園地」ということから、受け付け係（受け付け担当者）、入園者（入場者や来園者）、観客（一般客）、出演者（プレイヤー）、子ども（乳幼児、赤ちゃん）、大人、同伴保護者、高齢者、売店の店員、清掃員、アルバイターなど、役割りをいろいろと想像して、視座を列挙していきます。また、「安全の確保」ということから、安全管理者、現場指導員、ガードマン、設備の操作員、電気や機械のエンジニア、交通整理係など、これもいろいろな視座を列挙できますね。
　こうした視座から、テーマである「遊園地の安全の確保」について、いろいろと検討する手がかりを掴むのです。そのために視座を列挙するのです。

7.2.2 視座図からの問題解決の手がかり

　このテーマの例では、「遊園地の安全をいかに確保するか」であり、いろいろな視座から、安全の確保について考えてみることが大切です。安全管理者は遊園地側の安全管理の責任者であって、この人の立場から（この人の立場になったつもりで）、「人々の安全」をどう確保するかという問題を考えるのです。
　また、同伴保護者は来園者側であって、保護責任のある同伴した子どもや高齢者や身障者の安全について、この人の立場から考えるのです。

このように、テーマについていろいろな視座を想定して、考えるための手がかりを掴み、それを基に問題解決思考を展開するのが、視座の考え方なのです。そこで作るのが視座図です。**図7-1**に、この例での視座図を示します。

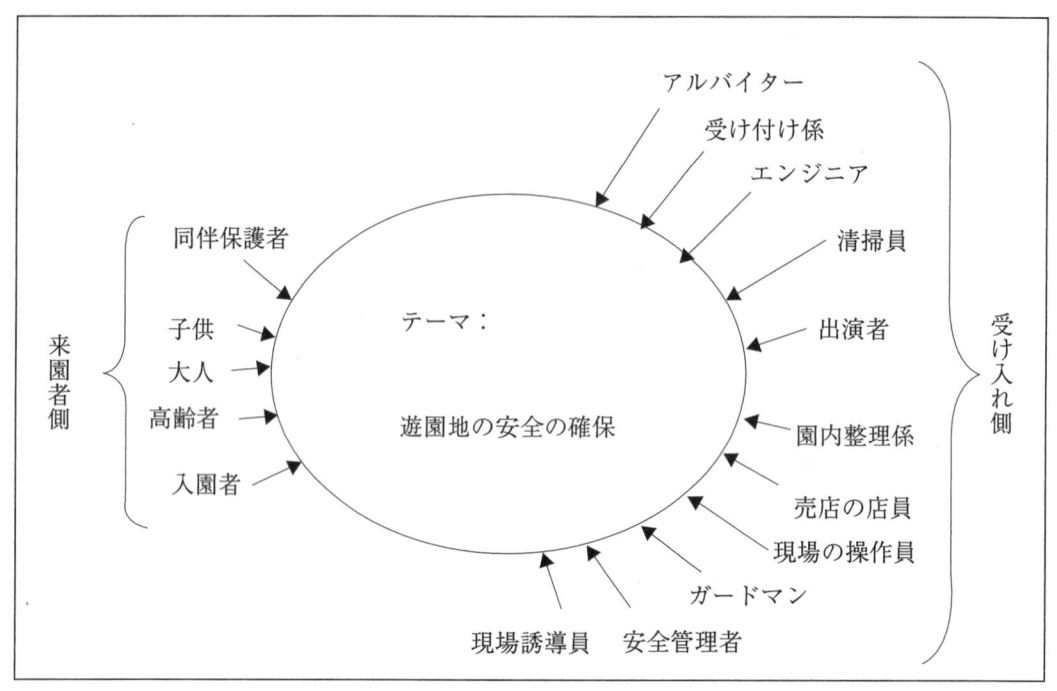

```
                    アルバイター
                    受け付け係
                    エンジニア
    同伴保護者              清掃員
来  子供                    出演者    受
園  大人    テーマ：                  け
者  高齢者   遊園地の安全の確保       入
側  入園者                  園内整理係 れ
                            売店の店員 側
                            現場の操作員
                            ガードマン
           現場誘導員  安全管理者
```

図7-1 視座図の例

7.2.3 視点も同時に考えよう

第6章で学んだ「視点」の考え方も大切です。「安全の確保」をどのように考えるかということは、どこに目を付けているかを意識することであり、当然、必要不可欠な視点を思いつかなければなりません。目を付けるといっても、具体物ばかりではありません。場合によっては、抽象的なこともあります。

安全の確保を考えるに当たっては、まず「安全管理の徹底」や「安全化対策」や「安全施設」や「安全意識の徹底と向上」といったことが思い浮かびます。また、安全という言葉の対である「危険」や「事故」についても、「危険の回避」や「事故の予防」や「異常事態の検知」や「避難の際の保護誘導」などが想起されます。これらの視点も視点図に書き込むことが必要ですね。

大切なことは、このように視座と視点をセットにして問題解決思考に利用するということなのです。

7.3 問題解決の例

都市の交通安全をテーマとして、**図7-2**のような風景を見た時、どのような視座が考え付く

でしょうか。少なくとも10個以上の視座を挙げて、それぞれの視座からテーマについて考えて見てください。この時、視座と視点を同時に考えると、取り組みやすいですよ。**表7-1**にこの例での視座と視点をまとめたものを示していますので、参考にしてください。

図7-2　ある交差点

表7-1　視座と視点の例

視座のいろいろ	気になる事柄・視点
自転車利用者	信号無視、歩道通行、接触事故、無灯火、飛び出し、2人乗り、駅前不法駐輪、乗り逃げ、放棄自転車、転倒事故
歩行者	車道通行、無理やり横断、横列歩行、信号無視、ルール違反、勝手通行、漫歩、犬の散歩、乳母車、ひったくり被害
自動車運転者	スピード違反、駐車違反、クラクション、車間距離不保持、右折時危険、騒音、排気、2列駐車、ひき逃げ、車上荒らし
交通弱者	視覚障害、聴覚障害、歩行困難、車椅子通行、介助者不在、歩道橋、駐輪違反
登校児童	集団登校、飛び出し、予測不可行動、安全確認不足、先生の指導、付き添い、話に夢中の子、よそ見
緊急自動車運転手	サイレン、駐車違反、渋滞、見物人、交通事故、人為災害、火災、ガス漏れ、水道管破裂、事件発生、緊急出動
警察官	違反者追跡、ひき逃げ捜査、飲酒運転検問、運転時の携帯電話取締り、緊急出動、交通取締り、安全指導
ガードマン	過剰交通整理、危険回避、指導権、サービス過剰
道路管理者	管理責任、責任の範囲、交通規制の限度、規制内容の妥当性、標識の最適配置
道路設計者	幅員の適切さ、交通量予測、立体交差の取り入れ、信号機の設置

7.4 ワークシート

7.4.1 シートの説明

　この章のワークシートは「視座・視点リストアップシート」です。図7-3にはワークシートの記入例を示してあります。この章のシートでは、視座と視点の復習をかねて視点のリストアップの練習をしましょう。まずはたくさんの視座と視点を挙げられるようになることを目標に練習してください。

7.4.2 シートの使用方法

　テーマの記入欄に、あなたが取り上げたいテーマや問題を書き込みます。そして、視座を書き出し、視座図を作成してください。次に、視点を書き出し、視点図も作成してください。シートはここまでで完成ですが、視座と視点の関係から、もう一度テーマや問題を考えるようにしましょう。そうすると、問題がよく見えてくることでしょう。視座図は図7-1を参考にしてください。視点図については、第6章の視点図を参考にしてください。

7.5 この章で学ぶべきポイント

　視座とは立場を表す言葉ですが、問題解決には多くの事柄が絡んでいるので、幅広く視座を列挙し、それぞれの視座に立ってテーマや問題を考えるという訓練をします。視座に立つということを意識するのはきわめて大切です。それは、実社会に出てみると分かることです。

7.6 参考文献

（1）石桁正士著：「情報処理的問題解決法　情報科学シリーズ10」、パワー社、1990年。
（2）上級SE教育研究会編：「上級SE心得ノート」、日刊工業新聞社、1995年。
（3）上級SE教育研究会編：「SEのための仕事術心得ノート」、日刊工業新聞社、2004年。

提出日：2004年07月24日　　　　　　　　　　番号：07583　氏名：　紋階　出来太

視座・視点リストアップシート

手順1：テーマを記入してください。

テーマ：　　都市の交通安全について

手順2：テーマに対する視座をたくさん挙げ、視座図を作成してください。

視座図

- ガードマン
- 道路管理者
- 道路設計者
- 警察官
- 自転車利用者
- 歩行者
- 交通弱者
- 登校児童
- 緊急自動車運転手
- 自動車運転者

（テーマ：都市の交通安全）

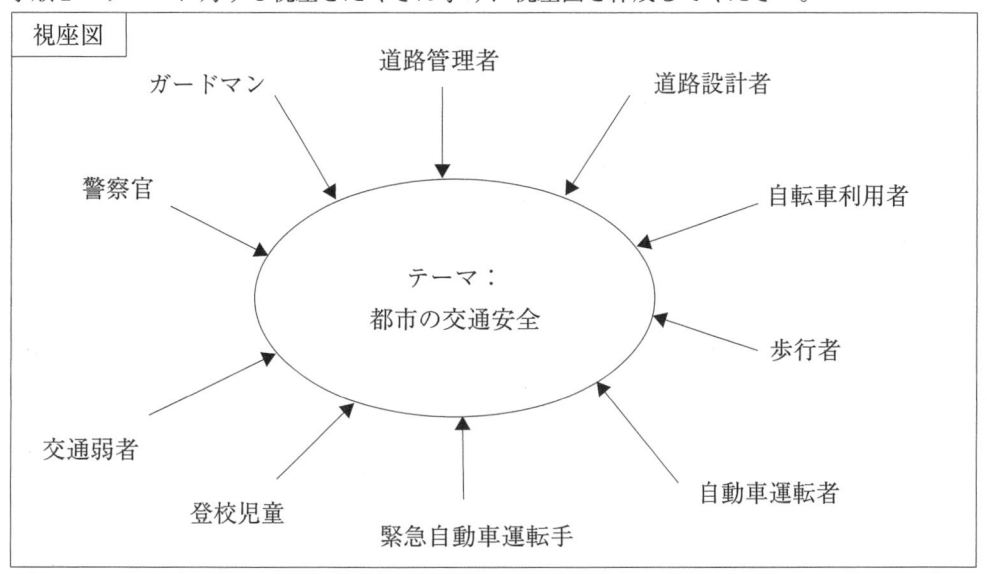

手順3：テーマに対する視点をたくさん挙げ、視点図を作成してください。

視点図

- 交通制御
- 交通事故
- 信号無視
- 車椅子通行
- 飛び出し
- 車上荒らし
- 駅前不法駐輪
- ひき逃げ
- クラクション
- ひったくり被害

（テーマ：都市の交通安全）

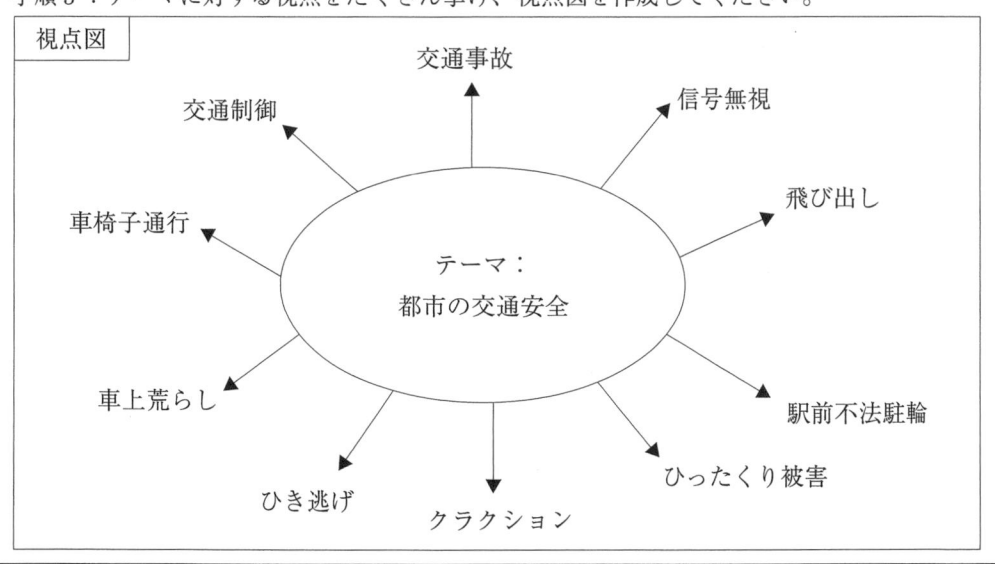

図7-3　視座・視点リストアップシートの記入例

Tea Time Break（7）

私の問題解決～経験のないことを発表するには～

　私は現在、O大学の大学院生です。大学院生になってから、学部学生対象の授業のアシスタント（正式にはティーチングアシスタントと言い、大学院生が当たるのです。以下ＴＡと記します）を勤めています。私がＴＡをした授業は、プレゼンテーション演習の授業で、ここでご紹介するのはその時のお話です。

　その授業は、1つのテーマについて2つのチームが競い合ってプレゼンテーションを行うという"バトル形式"と言う方法で行われています。例えば、「タイムマシーンがあるならば」というテーマでは、過去に戻る派のグループと、未来に行く派のグループがそれぞれプレゼンテーションを行い、どちらがプレゼンテーションを聞いている人たちの気持ちを動かすかで勝敗を決めるというものでした。

　テーマは事前に担当教員から与えられるのですが、その中に『テストで効率的に高得点を取るなら、コツコツ勉強派か、徹夜勉強派か』というテーマがありました。初めはどのチームもパワーポイントを用いて順調にプレゼンに向けて準備を行っていたのですが、いざ、プレゼンテーションのリハーサルとなった日に、『徹夜勉強派』が欠席したのです。リハーサルに欠席したチームは単位放棄とみなし、それ以降の受講を認めないという条件があったため、『徹夜勉強派』のチームはその時点で脱落しました。

　しかしながら、授業の方法が2チームのバトル形式なので、片方のチームが脱落してしまうとバトルができなくなります。本番で不戦勝となると、聞いている人の意見を動かすという授業の狙いが実行できなくなります。そこで先生が一言、「ＴＡに『徹夜勉強派』のプレゼンテーションを代行して貰いましょう」と決められました。

　私は、不安になりました。なぜなら、大きな問題があったのです。この授業のＴＡは私を含めて2人いるのですが、2人とも、『徹夜勉強派』ではなく、実は『コツコツ勉強派』だったのです。ですから、徹夜で勉強した経験がなく、自分が支持する考え方ではないことについてのプレゼンテーションをしなければならなくなったのです。果たして、どうすればよいのか、どう組み立てればよいのか、とても悩みました。

　手元に全く資料もなく、経験がない状態だったのですが、なんとか2つの資料を手に入れることができました。1つは、経験者であった先生が、『徹夜で勉強』のたたき台を作ってくれました。もう1つは、ＴＡが所属する研究室で『徹夜勉強派』の学生に話を聞くことができました。それらを1つにまとめることで、やっとプレゼンテーションをする準備ができました。後は2人の頭を『徹夜勉強派』にすることですが、研究室で意見交換をして、それとなしに『徹夜勉強派』の考え方ができるようになっていました。

　今回のような「経験のない」、「考えたことのない」ものをまとめて発表するとなると、やはりそれを行ったことのある経験者に話を聞くことが一番の近道のように思います。色々な経験を持った人との付き合いが、今回のプレゼンテーションに役立ったと思います。

第8章 問題発見につながる連想

8.1 学びの目的

　この章では、身の回りにある写真や絵から、目の付け所である視点と立場を表す視座を挙げ、そこから問題を連想することを目的としています。豊かな連想ができるということは問題解決を行う上で、とても大切なことです。

　あるひとつの視点から別の視点に写り、そこから何か問題となることはないかを連想することによって、身近に潜んでいる問題の芽や問題の種を発見することができるのです。また、ひとつの視座から次々と視座に移り、そこから何か問題となることはないかを連想することも同様です。第6章の視点、第7章の視座をよく思い出した上で、問題解決につながる連想を行ってみましょう。

8.2 内容の解説

8.2.1 連想とは

　連想とはあるひとつの事柄から、それと関連した別の事柄を考えることを言います。問題解決においては、視点や視座を挙げ、そこから何かそれに関するような問題はないかと考えることです。

　企業では、トラブルや問題事態が発生してから、その解決案を考え、解決に着手していては遅いのです。平素から頭を柔らかくし、想像力を豊かにして、視覚の感度を上げること、すなわち、ぼんやり見るのではなく、注意深く見ることを心がけます。そのためには、視点を数多く設定し、一点一点鋭く注視して、問題の存在を見抜くことが大切になり、視座を多く考え、どんな人たちがそれに関わっているのかを見抜くことが大切なのです。

　企業の人の話によると、「問題がどこにあるかが分かれば、それを解決することはあまり難しいことではない。平素の慣れ、心の緩みで、問題点を見逃していることが、一番問題だ」と言われます。つまり、問題を見逃さないよう、様々な事柄から問題の存在を見抜くことが大切なのだと言われます。

　視点や視座をたくさん挙げる練習は第6章と第7章で行っていますので、この章では、問題点を見つけ出すための「視点磨き」（良い視点を挙げられるようになること）と「視点、視座からの連想」に取り組みましょう。

8.2.2 問題発見のための連想

　視点や視座から連想して見つけることのできた事柄（問題解決のための視点）を「問題の視点」と呼ぶことにしましょう。

　問題解決の場面における「問題の視点」は、対象物のある点そのものを指すのではありません。しかし、第一歩としては、現実のものを見つめることによって、見る人がそれらから刺激を受けます。それらから連想し、状況を思い浮かべ、それらがまた別の「言葉」へと変換されるでしょう。そして、それらが抱える問題に思いをめぐらして、頭の中で何らかの問題点が思い浮かべば、それが「問題の視点」なのです。

8.2.3 問題解決の例

　図8-1の「瓦屋根の住宅」を対象にして、そこに潜む個々の問題を連想してみました。

図8-1　瓦屋根の住宅

　まず、視点からの連想を行ってみましょう。屋根の「瓦」を見て、これを造るのには伝統的な技術を必要とするだろうなと思い、「瓦職人」と言う言葉が思い出され、その作業風景が思い浮かび、最近は修行を必要とするような職業は後継者が不足しているのではないだろうかと気づき、問題の視点として「後継者不足」を連想できました。

　次に、「窓格子」を見ますと、昔の「宿場町の家」のようだなと思い、最近、昔の宿場町を保存して、観光地化されているので、問題の視点として「町並みの保存」が連想されます。

　格子の向こうの「窓」を見て、窓辺に横たわる「老人」を思い浮かべ、「老人介護」を考え付くかもしれません。また、同じ「窓」で、さんさんと射し込む日差しから、「紫外線の問題」、さらにその元凶である「オゾン層の破壊」まで連想できるかもしれません。このように1つの視点に対して、複数の「問題の視点」を挙げてもよいのです。

また、「瓦屋根」全体の面を見て、阪神大震災では、瓦屋根は重いので倒壊の被害が多かったことを思い出し、「地震対策」を思い付くかもしれません。

ただ1点だけを見るのではなく、全体的に見て視点をみつけるのも大切です。また、表面上見えないものを、心の目で見て（想像力を働かせて）、思い浮かべることも大切です。画面からは「畳」は見えていませんが、日本風の家屋なので「畳」があるだろうなと連想し、最近は洋風の家屋が増え、畳の需要が不振だろうなどと考えていてもよいのです。

少々こじつけかなと思えるものでもかまいません。自分で自分の連想を否定せずに、自由に行ってください。その例として、この家なら「土壁」だろうと想像して、土壁は保温性がよいと聞いたことがあるので、「省エネ」につながると考えてもよいのです。

次に視座からも連想してみましょう。まずは「住人」を挙げますと、隣の家と近いため騒音が気になるかもしれないということから「騒音の問題」や「隣家との人間関係」などが挙げられます。

このように、1枚の写真や絵から、様々な問題を連想してみましょう。そして図8-2のようにまとめてください。

8.4 ワークシート

8.4.1 シートの説明

この章では、身の回りにある絵や写真から、問題の視点を挙げることができるようになるために、問題の視点をリストアップするシートを用意しています。

8.4.2 シートの使用方法

まず、選んだ写真や絵にタイトルを付け、テーマの欄に記入します。次に、テーマから考えられる視点をできるだけ多く記入してください。そして、挙げた視点から思い浮かんだことを記入します。1つの視点に対して、複数のことを連想した場合は、それらもすべて記入してください。

次に、視座をできるだけ多く挙げ、そこから連想してください。視点と同様、1つの視座から複数の事柄を連想してもかまいません。

8.5 この章で学ぶべきポイント

視点や視座を多く挙げられるという能力の大切さは、既に第6章、第7章でも述べたとおりです。視点や視座を数多く挙げられるようになったら、そこから1歩先を目指しましょう。その1つが連想なのです。視点や視座がたくさん挙げられるようになれば、自ずと連想できる事柄も多くなります。

| 提出日： | 2003年1月1日 | 番号： | 12345 | 氏名： | 紋代　香井潔 |

問題の視点のリストアップシート

手順1：テーマを記入します。

| テーマ | 瓦屋根の住宅から思い浮かぶ問題の視点 |

手順2：テーマから考えられる視点を記入し、挙げた視点から思い浮かんだことを、所定の欄に記入してください。

手順3：視点、思い浮かんだことから考えられる問題の視点を記入してください。

視　　点	思い浮かんだこと	問題の視点
・鬼瓦	伝統技術	後継者不足
・窓格子	宿場町の家	町並み保存
・窓	窓辺に横たわる老人	老人介護
・窓	日差し	紫外線問題
・窓	日差し	オゾン破壊
・瓦屋根	阪神大震災で倒壊が多かった	地震対策
・畳	洋風家屋の増加（フローリングが多い）	畳の需要不振
・土壁	保温性がよい	省エネ

手順4：テーマから考えられる視座を記入し、挙げた視座から思い浮かんだことを、所定の欄に記入してください。

手順5：視座、思い浮かんだことから考えられる問題の視点を記入してください。

視　　座	思い浮かんだこと	問題の視点
・住人	壁が薄い	騒音の問題
・住人	隣家との距離が近い	隣家との人間関係
・住人	家屋の老朽化	リフォーム問題
・住人	瓦屋根にするには家の強度を強くしなければならない	費用の問題
・住人	増改築の繰り返し	欠陥住宅
・大工	伝統技術	後継者不足問題
・通行人	瓦の老朽化	怪我の危険性

図8-2　リストアップの例

8.6 参考文献

（1）情報教育学研究会編：「情報社会で役立つ情報教育の知恵」、パワー社、1997年。
（2）石桁正士編：「やる気の人間学」、総合法令出版社、1998年。
（3）安西祐一郎著：「問題解決の心理学－人間の時代への発想－」、中公新書、1985年。
（4）池本洋一、岩本宗治、山下省蔵著：「新工業技術教育法」、パワー社、1995年。

Tea Time Break (8)

人とは逆のことをやってみよう

　ノーベル物理学賞を受賞された学者の江崎玲於奈博士は、世界中の研究者がより純粋な結晶づくりに向かっていた時、ただひとり結晶に不純物を加えるという「逆発想」を実行した方だと伝わっています。その結果が「トンネルダイオードの大発見」につながったのです。江崎博士のすごいところは、「不純物をなくそう」という方向とは全く逆の「不純物を意図的に加えよう」という発想を、大胆に実行されたことです。私たち凡人には、とてもじゃないがこんなことは考え付きません。でも「真似はできます」ね。

　私も真似をして、逆の方向へ向かうということをやってみたことがあります。それはコンピュータで人工知能の研究が盛んな時でありました。研究者たちは、コンピュータに知識を与え、推論させ、考えさせるという方向を指向していました。私は、コンピュータにはできるだけ考えさせないで、逆に人間に考えさせるように、コンピュータにはただデータを蓄えるように設計したのです。私の立場は教育工学だったからでしょう。

　私たち人間は「考える葦」ですから、考える「きっかけ」になるものを人間に提供する役目をコンピュータにやらせ、私たちはその「きっかけ」をどんどん使えばよいと。考えるきっかけとは、知識やデータかもしれません。光や音かもしれません。写真や絵かもしれません。

　私が願ったのは、問題を考える時のヒントになるものを多く集めて、教育の場で活用させることにあったのです。私の考えは、どんな問題を解決する場合のヒントにもなるという「ヒントのヒント」で、私の命名ですが、「メタヒント（万能的ヒント）」でした。

　メタヒントには、「視座」や「視点」や「諺のエッセンス」などがあり、コンピュータには「視座リスト」や「視点リスト」や「視座図」や「視点図」や「頭字集（キャピタル・レターズ・セット）」などを蓄えさせ、人間の求めに応じて、コンピュータが提供するこれらのメタヒントを、人間らしい知恵でもって使えばよいとしました。CAPSSというメタヒントサーバーの開発の時でした。

第9章 分類と分類基準

9.1 学びの目的

　夕方、母親が家族5人の洗濯物を取り入れています。そして母親は何かの目印で、5人分の下着、靴下、小物などを家族別に分けています。これは母親が衣類に対して、分類する視点をもっているからです。ところで母親が家族5人それぞれの洗濯物をなぜ分類するのでしょうか。異なった洗濯物を、山積みのまま放置して、どうぞ勝手に着替えてくださいとしたら家族は困惑します。したがって母親は家族が着やすいように、また、捜しやすいように管理しているのです。
　ここでは、だれでも共通して日常的に関わる分類について学びます。

9.2 内容の解説

9.2.1 分類の始まりと定義

　人間は、生活を営む上で種々の物や情報を入手します。何が好ましいか、何が役立つか、どう利用可能かなどで分けます。このようなことが分類の始まりと言えるでしょう。分類は利用のスタート地点です。
　分類について、辞書（広辞苑）の定義を調べると、次のようにありました。種類によって分ける。類別。「昆虫を分類する」、〔論〕（Classification）区別を徹底的に行い、事物またはその認識を整頓し、体系づけること。
　私たちの身近なところには、収集した資料、商品、図書、名刺など多量にあります。無秩序にして所持するよりは、規則に従って分け、配置する方が多々の点でメリットがあります。そのためには、似たもの同士をまとめて分けます。物事を徹底的に区分するのは、類別という体系を作ることなのです。すなわち分類とは、類似しているものを集め、そうでないものを分離することなのです。

9.2.2 分類のポイント

　分類学をTaxonomyと言います。それによると、分類には大雑把に分けて、①物の分類と、②概念の分類があります。

①物の分類（Pigeon Box Classification：鳩の巣箱型分類）
　鳩は巣に帰ると、巣箱には1羽ずつ入ります。1つの物が1つの箱にきちんと納まるような分類方法を言います。郵便物の仕分けは、住所と名前がポイントで、鳩の巣箱型分類の典型的な例です。
　また、自然の物に存在する分類においても、動物分類学や植物分類学があります。この学問では、

「階層」という考え方を導入して、ツリー状に細かく分けていきますが、1つの物（動物や植物）は1つの位置にきちんと分類されるのです。

②概念の分類（Facet Classification：複眼型分類）

　名刺は物ですが、名刺上の情報の分類は1種類ではありません。名前については50音順に分けることも、漢字別に分けることもできます。そして住所については、都道府県別や市町村別や郵便番号別に分けることもできます。

　また、勤務先については、会社、学校、官庁、商店、病院など勤め先で分けることも、所属や肩書きで分けることも、勤務先の所在地別に分けることも、勤務先の電話番号について局番別に分けることもできます。

　さらに、資格取得者なら資格別に分けることも、eメールアドレスのある人は、その第1文字で分けることも、携帯電話所有者ならその番号で分けることもできます。

　名刺を交換して、その名刺に書き込みをする人は、書き込んだ内容、例えば日付、場所、きっかけ（TPOという）別で分類もできます。

　上の2つの分類は、整理のために行いますが、もちろん整理したら再利用を考えているのが当然ですね。大切なことは、分類する人がその基準を明確に持っていて、常にそれを利用して分類し、分類後の情報活用が容易であるようにすることが目的なのです。

　そしてさらに大事なポイントは、分類作業をする際には、その特徴を掴んでそれぞれのカテゴリーに命名をすることを忘れないでください。名前を考えずに分けても、再利用の時手がかりがないからです。

9.2.3　分類の具体例　その1

　いま、2つの例題を取り上げて分類方法を検討してみましょう。そしてこれらの結果は後で分析して検討しましょう。

　まず1つ目は、アラビア数字の1〜20を記入したカードがテーブルの上にあります。この数字はどのように分類ができるでしょうか。分類の方法を考えてみましょう。定義にありますように分類は、いくつかの数に共通した性質や似たもの同士にまとめられます。区分は数字全体をいくつかに分けることです。区分の作業については、以下のように考えられます。

① 2つに等しく分けることができる数とそうでない数
② 1より大きくて、1とその数だけで割り切れるものとその他の数
③ 2を何倍かして作れる数と3を何倍かして作れる数とその他の数

　分類の作業をしてそれらのグループに名前を付けてみましょう。

① 2つに等しく分けられる数のグループは、（2,4,6,8,10,12,14,16,18,20）で、これを偶数と名づけましょう。
　その他の数のグループは、（1,3,5,7,9,11,13,15,17,19）で、これを奇数と名づけましょう。
② 1とその数だけで割り切れる数のグループは、（2,3,5,7,11,13,17,19）で、これを素数と名づけましょう。

その他のグループは、（1,4,6,8,9,10,12,14,15,16,18,20）で、素数ではない数と名づけましょう。
③2を何倍かして作れる数のグループは、（2,4,6,8,10,12,14,16,18,20）で、2の倍数と名づけましょう。
3を何倍かして作れる数のグループは、（3,6,9,12,15,18）で、3の倍数と名づけましょう。
その他の数のグループは、（1,5,7,11,13,17,19）で、2の倍数でも3の倍数でもない数と名づけましょう。

このように類似点を見つけながらグループを示しますと、**図9-1**のようになります。このような図をベン図と言いますね。

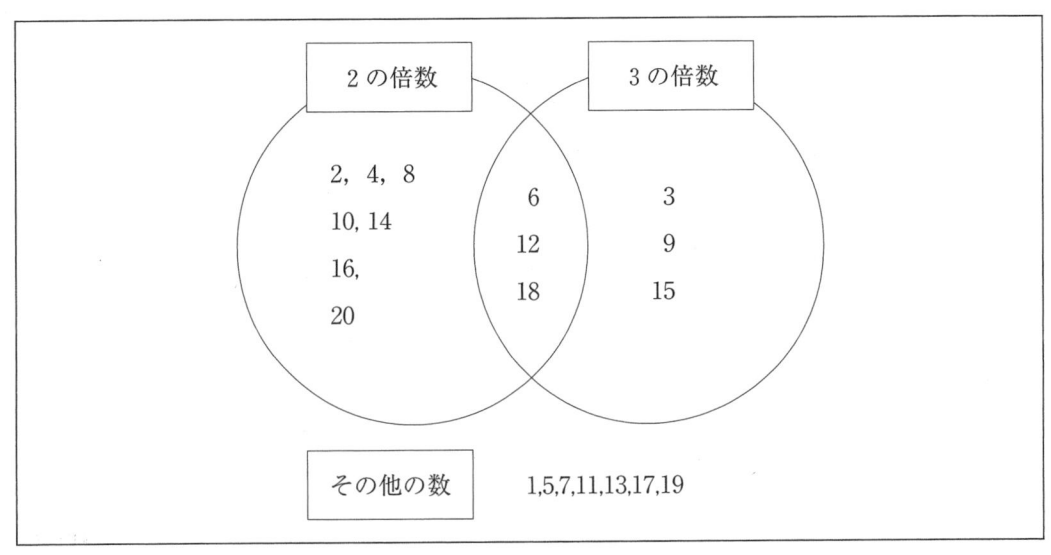

```
┌─────────────────────────────────────────────────┐
│       ┌─2の倍数─┐      ┌─3の倍数─┐              │
│                                                 │
│        2, 4, 8       6       3                  │
│        10, 14        12      9                  │
│        16,           18      15                 │
│        20                                       │
│                                                 │
│   ┌─その他の数─┐   1,5,7,11,13,17,19            │
└─────────────────────────────────────────────────┘
```

図9-1　ベン図

9.2.4　整数の分類の基準

アラビア数字1〜20の整数の性質を考えると、いくつかの集合に類別できます。例えば、①基準数との大小。②割り切れる数かどうか。③2の倍数、3の倍数。④数の連続性。⑤その他「1桁の数と2桁の数について、2がついている数とそうでない数、2で割り切れる数とそうでない数、3の段のかけ算の答えになっている数とそうでない数、つながっている数とそうでない数」などの視点で分けられます。このような分類の基準を整理して、整数の性質について理解を深めることができるのです。

9.2.5　分類の具体例　その2

2つ目は、家族5人（両親、大学生男子、短大生女子、高校生女子）の洗濯物を分類する方法を考えてみます。項目名称「タオル、パンツ、ワイシャツ、スリップ、タンクトップ、ハンカチ、靴下、手袋、セーター、スカート、ワンピース、ブラウス、婦人用スラックス、男子用寝巻き、ファンデーション、マフラー、ストッキング、男子ズボンなど」があります。

第9章　分類と分類基準

母親は、各自が着る物は事前に判明しています。母親の視座に立って分類体系化した分類法を試みました。品物全体の最上位区分1は被服とします。次に区分2は洋服、シャツ・セーター類、下着類、他の被服とします。その中で区分3は男子用洋服、婦人用洋服、男子用シャツ・セーター類、男子用下着、婦人用シャツ・セーター類、婦人用下着、次に区分4は男子用ズボン、ワイシャツ、セーター、パンツ、男子用寝巻き、婦人用スラックス、スカート、ブラウス、ワンピース、スリップ、タンクトップ、ファンデーション、そして残りは区分2の「タオル、ハンカチ、靴下、手袋、マフラー、ストッキング」他の被服のグループとしました。そして家族個人別の所持用品を分類します。分類全体図を**表9-1**に示します。

表9-1　区分表

区分1	区分2	区分3	区分4	家族別
被服	洋服	男子用洋服	男子用ズボン	父親、大学生男子
		婦人用洋服	婦人用スラックス、	母親、女子2人
			スカート	母親、女子2人
	シャツ・セーター類	男子用シャツ・セーター類	ワイシャツ	父親、大学生男子
			セーター	父親、大学生男子
		女子用シャツ・セーター類	ブラウス	母親、女子2人
			ワンピース	母親、女子2人
	下着類	男子用下着類	パンツ	父親、大学生男子
			男子用寝巻き	父親
		婦人用下着類	ファンデーション	女性3人
			タンクトップ	女子2人
			スリップ、	女子2人
	他の被服		ハンカチ	5人全員
			靴下	5人全員
			タオル	5人全員
			手袋	5人全員
			マフラー	5人全員
			ストッキング	女性3人

9.2.6　被服の分類の基準

母親が家族の洗濯物を個々のケースに応じて個別に具体的な判断で分類するには、表9-1よりもさらに細かく、5人の被服の類似性、同一性、非類似性など把握しなければなりません。そして、品物全体の区分けを、さらに年齢別（区分5）、ファッション性（区分6）などを考慮して、洗濯物を5人の家族ひとりひとりに同定します。

9.3 問題解決の例

　最近、近所にできた寿司屋に行った時のテーマを取り上げました。この寿司屋では、寿司や寿司ネタは「イクラ、カッパ巻き、さば、ほたて、大トロ、ボイルえび、ウニ、たくわん巻き、あじ、赤貝、中トロ、甘エビ、数の子、かんぴょう巻き、いわし、とり貝、マグロ赤身、カニ、卵焼き、いか、たこ、うなぎ、いなり、バッテラ、ちらし」の25種類あります。店内には、これらの寿司ネタを分類して、**図9-2**のようにいくつかのグループにして貼り出してあります。

魚：さば、大トロ、あじ、中トロ、マグロの赤身、いわし、うなぎ
えびかに貝：甘エビ、カニ、ボイルえび、とり貝、赤貝、ほたて、ウニ
巻き：カッパ巻き、たくわん巻き、かんぴょう巻き
軍艦巻き：イクラ
その他：数の子、卵焼き、いか、たこ、いなり、ちらし、バッテラ

図9-2　寿司屋が分類している例

　図9-3に分類支援シートを用いた解決例を示してあります。手順1から手順4に従って分類をしてください。

9.4 ワークシート

9.4.1 シートの説明

　この章のシートは、「分類を目的とする支援シート」です。分類の定義やポイントを参考にして、多量な資料を活用しやすいように読者自身が分類体系や分類図を作成してまとめるとよいでしょう。

9.4.2 シートの使用方法

　分類するには、まず初めに、分類する資料（テーマ）を設定することから始まります。解決しようとしている分類問題を記入欄に記入してください。そして、資料の分類方法を自分で考え、自分の言葉で記入欄に記入してください。

9.5 この章で学ぶべきポイント

　物事の分類には大雑把に分けて、①物の分類と、②概念の分類があります。2つの分類は、整理のために行いますが、もちろん整理したら再利用を考えます。大切なことは、分類する人がその基準を明確に持っていて、常にそれを利用して分類し、分類後の情報活用が容易であるようにすることが目的なのです。そして分類作業をする際には、その特徴を掴んでそれぞれのカテゴリ

提出日：2004年1月10日	番号：00110　氏名：　解決　志太郎

分類支援シート

手順1：テーマを記入します。

テーマ：寿司や寿司ネタ25種類の分類

手順2：分類する目的を記入します。

分類目的：子供を含む、消費者側の視座から分かりやすい分類をする

手順3：分類の対象となるものすべてを記入します。

分類の対象；25種類の寿司や寿司ネタ（50音順）
　赤貝、あじ、甘エビ、いか、イクラ、いなり、いわし、うなぎ、ウニ、大トロ、数の子、カッパ巻き、カニ、かんぴょう巻き、さば、たくわん巻き、たこ、卵焼き、中トロ、ちらし、とり貝、バッテラ、ボイルえび、ほたて、マグロの赤身

手順4：分類結果を記入します。

ヒカリ物：さば、あじ、いわし
マグロ系：大トロ、中トロ、マグロの赤身
甲殻類：ボイルえび、甘エビ、カニ
貝類：ほたて、赤貝、とり貝
巻き：カッパ巻き、たくわん巻き、かんぴょう巻き
軍艦巻き：イクラ、ウニ
あっさり系：いか、たこ、数の子
焼きもの：卵焼き、うなぎ
その他：いなり、バッテラ、ちらし

図9-3　分類した例

ーに命名をすることを忘れないでください。名前を考えずに分けても再利用の時手がかりがないからです。このように効率のよい日常生活をするには日頃から分類を意識することが必要であると言えます。

9.6 参考文献

（1）千賀正之・宮内美智子著：「資料組織概説・分類編」、理想社、1998年。

　問題の例を以下に示しますので、分類の練習をしてみましょう。

問題1　一般の家庭にあるトランプ52枚（ジョーカーを除く）を分類しましょう。

問題2　家庭で生じるごみを分類しましょう。

問題3　下記の食品は家庭で使用されるものです。分類しましょう。
　「鶏肉、生卵、鰹節、落花生、乾燥のり、くわい、酒粕、豆腐、わかめ、ほうれん草、たくわん、椎茸、バナナ、ぶどう酒、チーズ、するめ、そら豆、アスパラガス、ビール、牛乳、いんげん、昆布、里芋、煮干し、人参、栗、まぐろ、三つ葉、いちご、たこ、じゃがいも、豚肉、ごぼう、みかん、鯛、清酒、キャベツ、牡蠣、りんご、大根、玄米、かぼちゃ、松茸、生鮭、インスタント・コーヒー、うなぎ、筍、バター、さつまいも、はまぐり、牛肉、れんこん、そば粉、きゅうり、しめじ、白米、大豆、小麦粉、柿、ふ、えんどう豆、なす、パン、たまねぎ、梨、貝柱、小豆、干しぶどう、さやえんどう、ぜんまい、すいか、数の子」

Tea Time Break (9)

大学院受験を控えて

　私は大学院受験を控えた2003年の10月、悩みに悩んでいました。理由は簡単で、2004年の3月に控えた大学院入試に合格できるだけの実力が全くなかったからです。「必死になって勉強すればいいのでは」という声も聞こえてきそうですが、数カ月程度必死になったところで、確実に合格できるレベルにまで実力をつけることが不可能であることは、自分自身も、また周囲の人たちも気付いていました。しかし、この大学院受験は私の人生にとって大きな分岐点であると考えていましたので、絶対に合格したいという気持ちが強くありました。では、私がどうやってこの大学院受験を乗り切ろうとしたのかをお話したいと思います。

　私がこの大学院受験を乗り切るために考えた1つの策は、受験をしようと決めた時に、「これくらいやっておけば合格するだろう」と漠然と考えていた目標を変更することでした。しかし、ただ闇雲に目標を変更したわけではありません。実は、ある時にふと自分の置かれている現在の状況と、限られた残りの時間で私自身が取れる限りの手段、さらには大学院受験に必要とされている能力を冷静に分析しようと考えたからです。これらを分析した結果、当初漠然と考えていた目標が、あまりにも無謀だったことがハッキリと分かったのです。

　もちろん、冷静に分析した結果は自分を絶望させるものばかりでした。そこで、私はこの絶望的な状況を打破するために、大学院受験に必要とされている能力の中で、今の自分にできることとできないことを明確にし、できないことはきっぱりと切り捨てることで目標を変更したのです。当然不安はありましたが、そのことで少し光が見えてきたことも確かです。私は、この少しの光を頼りにして、残り数カ月を計画どおりに実行して、大学院受験に挑戦しました。その結果は、あまり褒められた点数ではありませんでしたが、無事に合格し、今ではその大学院に通いながら研究と勉強に励んでいます。

　上述した分析に要した時間としては、4、5日程度だったように記憶しています。この4、5日を受験勉強に当てるという考え方もあると思いますが、私にとって、現状の自分を分析し、どれだけのことが要求されているのかを考え、限られた時間の中で、取り得る手段を明確にすることは、4、5日間受験勉強をすることよりも、はるかに価値のある行動であったと考えています。

　もし、この4、5日間がなければ、今頃、大学院に合格できずに、別の人生を歩んでいたかもしれません。

第10章 ひとりで行うブレーンストーミング

10.1 学びの目的

　この章は、ブレーンストーミング法という発想法を実施するためのひとつの方法を学び、自分ひとりでブレーンストーミング（以下、BSと示します）ができるようになることを目的としています。

　次節でも説明しますが、BSは本来、グループディスカッションを主体とする手法のひとつで、グループのメンバーといろいろな刺激を与え合い、自由に発想することを目的にしているものです。しかしながら、ひとりであっても工夫をすれば行うことができ、たくさんのアイデアを出すことができます。本章では、その工夫を学んだ上で、ひとりでBSができるようになりましょう。

10.2 内容の解説

10.2.1 本来のBSとは

　BSは、数人のメンバーが1つのグループを形成し、テーマを設定して行う発想方法のひとつで、人間の発想活動を活性化する一種の場であると言えます。

　本来のBSを行う時、グループのメンバーからいろいろな刺激を受け、またメンバーにいろいろな刺激を与えつつ、実に様々な発想をします。発想した内容（アイデアと呼ぶことにします）は言葉で伝え、きちんと記録します。

　BSの目的はアイデアを数多く出すことと、多種多様なアイデアを出すことの2つです。そのために、**表10-1**のルールを守らなければなりません。

表10-1　BSのルール

①批判をつつしむ 　グループのメンバーの出したアイデアを批判してはいけません。「よい」とか「悪い」とか「いいアイデアだ」とか「まずいアイデアだ」とか言ってはいけません。 ②遠慮はしない 　アイデアを出すことを遠慮してはいけません。アイデアはどんどん出せばよいのです。 ③尻馬に乗る 　メンバーのだれかが出したアイデアをきっかけに、それをいろいろと変形したり、それに何かを付け加えたり、それから何かを削ったりして、さらに新しいアイデアを出します。これは、通常、「他人の尻馬に乗る」と言います。他人の尻馬を大いに奨励しています。

④記録と整理をする
　メンバーの中に、記録係を置き、出したアイデアはすべて記録します。記録は、カードに書いたり、ポストイットに書いたりして、後で整理したり、まとめたりしやすいように、あらかじめ考えて準備します。
⑤テーマを意識する
　常にテーマを意識します。テーマに関するアイデアを出すように努力するのです。テーマを無視したり、テーマを逸脱してはいけません。

10.2.2　ひとりで行うための工夫

　たくさんのアイデアをひとりで出すためには、ただ用紙とにらめっこをするのではなく、何でもよいので参考となるものを探してみましょう。例えば、インターネットを見たり、雑誌をめくって見たり、ちらしを見たりして、テーマと直接関係がないと思われるものを眺めてみることがヒントになったりします。

　この際に注意しなければならないのは、必ずテーマを意識しながら見ることと、思いついたことは必ず記録に残すということです。そうすることによって、アイデアを出すチャンスが増えるのです。

10.2.3　テーマの例

　では、どんなテーマを設定したらよいのか、2～3の例を紹介しましょう。

テーマ例1：マイカーに備わっていたらいいのになぁと思える品物を考えよう。
　2画面テレビ（前のシートの人用と後ろのシートの人用と2画面あるもの）、音声入出力型GPS、安全な車載用電気ポット、超小型耐震型パソコン、車載用シェーバー、車載向け傘置き、車用ハンガーフックとハンガー、眠気覚まし用バイブレーション付き運転手席の椅子など…

テーマ例2：友人との暗号メールを考えよう。
　親しい友人との間で、メールをする時、分かりやすく、しかも短い「暗号」を決めておくと便利でしょう。どんな暗号がよいか考えてみましょう。例えば、「梅田で午後3時に待ち合わせをしよう」という文を、「梅3待ち」とか。また、「どうしても3千円必要になったので、3千円貸して」という文を、「野口英世3人貸」とか、「うどんのうまい店を教えて」という文を、「どんうまプリーズ」とか、…

テーマ例3：ひったくり防止方法を考えてみましょう。
　条件としては、被害者は自転車に乗っていて、加害者は2人組みでバイクに乗って、後ろからひったくる場合とします。例えば、トゲトゲネット付き前篭（ひったくろうとするとトゲで痛い）、感電する篭ネット（篭にさわると感電する）、押しボタン式緊急警報機（自転車に付いているデカ音警報機）、近接警報機（後ろからバイクなどが接近してくると、警報音が鳴り、自転車の人に知らせる）など…

10.3 問題解決の例

　図10-1の記入内容について説明します。記入例では自転車をこぐのを足から手に変えるというアイデアが挙げられています。人の力で動くというところは変わっていませんが、足を手に変えただけでずいぶん変わるということが分かると思います。また、足を手に変えると、力の量も減少するため、スピードも遅くなり、安全性も増します。ついでにブレーキは足に変えたことで、とっさの時に踏ん張るという人間の習性でブレーキをかけることもできます。

　最後に、こうした発想の産物にネーミングをします。この場合は、自転車をこいでいる様子から名付けて「ひっかきバイク」の誕生です。（大阪電気通信大学メディア情報文化学科の学生の棚原さんのアイデアより。）

10.4 ワークシート

10.4.1 シートの説明

　この章のシートはBS支援シートです。このシートの手順に従って発想したことをまとめるとよいでしょう。BSでたくさん挙げた発想の中から、これは面白いと思うものを記入してください。

10.4.2 シートの使用方法

　まず、発想したもののテーマを記入してください。ここでは、「何」を、「どのように」変えるかまで具体的に記入してください。そして、思いついたアイデアの図（絵、スケッチ）を描いてください。また、絵を描く欄の横には、説明文を記入する欄がありますので、なぜそのような発想をしたのかという説明をしてください。

　最後に、アイデアにすばらしい名前を付けてください。また、その名前を付けた理由を記入してください。

10.5 この章で学ぶべきポイント

　ひとりで行うBSでは、ただただじっと考えるのではなく、本でもテレビでも何でも見ながら、とにかく思いつくままにアイデアをたくさん出すことが大切です。そして、それを記録することです。出てきたアイデアが新たなアイデアのヒントになったり、また、いつか他の場面で使える種になるかもしれないのですから。

| 提出日： | 2004年12月20日 | 番号：031220 | 氏名： | 発想　士由 |

BS　支援シート

手順1：テーマを記入します。

テーマ： (何をどのように)	自転車をこぐのは通常足ですが、これを手に変えます。

手順2：思いついたアイデアの図（絵、スケッチ）を描いてください。また、右の欄に説明文を記入してください。

スケッチ	説明文
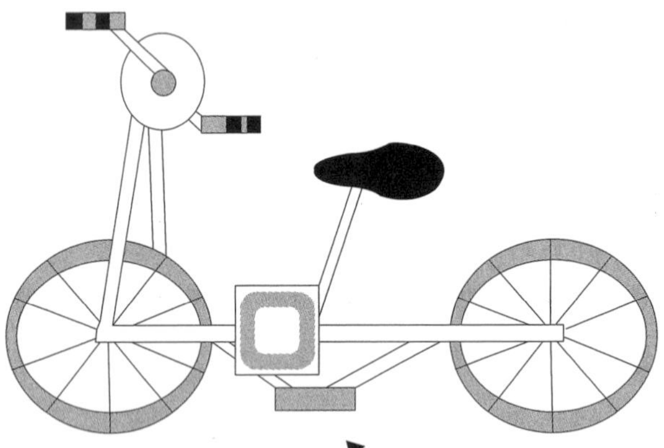 ペダル兼用ハンドル 足置きとフットブレーキ	ペダルを回すと自転車が進むようにします。方向転換もペダル兼用ハンドルで行います。 また、ブレーキは足置きのところに作り、強く踏むと止まるようなフットブレーキにします。

手順3：アイデアに名前を付けてください。また、その名前を付けた理由を記入してください。

ネーム	理　由
ひっかきバイク	ハンドルを回している様子が、猫が壁を引っかいている様子に似た感じになるので、ひっかきバイクにしました。

図10-1　ひっかきバイクの記述例

10.6 参考文献

（1）高橋　誠著：「問題解決手法の知識」、日本経済新聞社、1984年。
（2）ジェニー・ロジャーズ著：「おとなを教える」、学文社、1997年。
（3）亀田達也著：「合議の知を求めて　グループの意思決定」、共立出版株式会社、1997年。
（4）石桁正士、綿田　弘、竹野内勝次、稲浦　綾著：「SEのための創造型提案心得ノート」、日刊工業新聞社、2003年。
（5）QC手法開発部会編：「管理者スタッフの新QC七つ道具」、日科技連、1979年。

〈問題の例を以下に示していますので、考えてみてください。〉

問題1
　ティッシュペーパーの空箱の利用法を考えよう。ティッシュペーパーを使いきると、後に空箱が残る。そのまま捨てるともったいないので、何か奇抜な利用方法はないものか考えよう。

問題2
　小学校で総合学習が始まった。総合学習としては、自由研究をさせることにした。さて、小学生にどんな具体的なテーマを与えたらよいのか、知恵をしぼってみよう。

問題3
　もう使わなくなったり、汚れたり、誤動作をするようになったCDのカセットがたくさんある。どんな面白い使い道があるか、考えてみよう。

問題4
　消耗して使えなくなった乾電池（単1、単2、単3）がたくさんある。何かに利用したいと思います。さて、何に利用しますか。

（機会があるなら、是非、4～6人のグループで本来のBSにチャレンジしてみてください。）

第11章 ネットを用いた情報収集

11.1 学びの目的

　日常生活の中や職場などで起こった問題事態を解決するためには、様々な情報を収集し、活用する必要があります。それは原因を突き止めるために必要な情報であったり、解決案を導くために必要な情報であったりします。

　インターネットが今日のように普及する以前に比べ、今では情報の収集は容易になりました。しかし逆に、情報を得やすくなり、かえって情報がオーバーフローしてしまいました。

　このような状況下では、入手した情報が、自分にとって必要なものであるのか、有益なものであるのか、的確な判断と取捨選択が必要になります。と言うのは、中には取捨選択をしなければならないという意識さえ持たない人がいるからです。インターネットで情報を収集し、それをすべて鵜呑みにして、インターネットからの情報だから正しいと思いこむような困った状況に陥ることがしばしば見受けられます。

　この章では、情報を集めやすい時代になったからこそ、その集め方と取捨選択の重要さを学んでもらいたいと思います。

11.2 内容の解説

11.2.1 情報とは

　情報とは、どのような意味かを広辞苑で調べたところ、以下のように記されていました。

①ある事柄についての知らせ
②判断を下したり、行動を起こしたりするために必要な知識

　インターネットや新聞、図書、雑誌、テレビ、会話などから得られる知識や知らせといったものを情報と言います。特に、各自が意思決定をしたり、行動したりするために必要になる知識のことを言います。

11.2.2 情報の集め方

　情報を集めるには様々な方法があります。私たちは、今、必要とする情報は何かをしっかりと意識した上で、新聞を読んだり、図書雑誌類を読んだり、テレビ（特にニュース）を見て、多面的に情報を集めることができます。

　また、インターネットの検索サイトを用いて、ウェブに公開されている情報を検索し、集める

という方法もあります。最近では、インターネットが普及してきたので、検索サイトを用いて情報を集めるということは当たり前になってきています。

11.2.3 情報の取捨選択情報の取捨選択

簡単に情報を集められるようになったため、集めた情報を整理し、信憑性をチェックし、活用するということがかえって難しくなりました。

みなさんも経験があることと思いますが、インターネットの検索サイトを用いて、情報を検索すると大量のページがヒット（検索サイトを用いてウェブ上に公開されているページを検索した場合、検索した言葉が記載されているページが見つかることをヒットすると言います）し、その量が多すぎて、どの情報を用いるべきか、どれが正しくて、どれが正しくないのかに悩むことはよくあることです。

あまりにもヒットしたページが多すぎる場合、検索の項目を増やし（条件を多く付けて）、絞り込みが行われると思いますが、それでも複数のページにわたる情報が残ることでしょう。その残ったページに記載されている情報は、果たしてすべて正しいことが書かれているのでしょうか。また、すべてが自分にとって必要な情報なのでしょうか。

つまり、正しいことが書かれているかを確認し、どの情報が必要で、どの情報がそうでないのかを取捨選択し、活用する能力が必要になってきているのです。

11.3 問題解決の例

たまたま出張で来て、仕事先の「日本橋」から、次の目的地へ行くため、最終の電車を調べるという例を取り上げてシートに記入しました。これを図11-1に示します。とても簡単な例のようですが、すんなりとは終電の時間を調べることができません。

ポイントは2つあります。まず1つ目は、検索エンジンを用いて検索する際の検索の言葉、すなわちキーワードです。キーワードの選定がよくないと、全く関係のないウェブページがたくさんヒットしてしまい、本来得たい情報になかなか到達することができません。

2つ目のポイントは取捨選択です。この例ではあまり判断の難しいようなページはヒットしませんでしたが、それでも類似した名称を持つ駅（漢字表記は同じでも読み方が異なるものや一部を省略した名称など）からの終電を示すようなページがあり、それに気づかなければ目的地までの時間を見込み違いするということもあります。

みなさんが実際に情報収集を行う際には、上述の2つのポイントをよく注意して行うようにしてください。

提出日：2004年7月24日　　　　　　　番号：　21783　氏名：　解決　花子

情報収集の支援シート

手順1：テーマを記入してください。

テーマ：　たまたま出張で来た仕事先の日本橋駅から終電で目的地（大阪駅）に行くための情報検索

手順2：テーマに合った情報をインターネットの検索エンジンを用いて収集してもらいます。
　　　　検索をするためのキーワードをいくつか挙げてください。

キーワード：　終電、日本橋、大阪

手順3：検索結果を5つピックアップし、各ウェブページの内容の概要を記入してください。

記号	概　要
A	大阪の日本橋駅の住所や路線名が明記されているページ。日本橋駅の時刻表や終電の発着時間をまとめたページにリンクされている。
B	大阪の日本橋駅を出発駅として、到着駅を自分で指定して、電車の時刻や所要時間を調べられる検索のページ。
C	大阪梅田に出店されている大型パソコンショップと日本橋（大阪）の電気街の集客や売上の今後についてまとめているページ。
D	東京の新日本橋駅の住所や路線名が明記されているページ。新日本橋駅の時刻表や終電の発着時間をまとめたページにリンクされている。
E	大阪にある電鉄会社のホームページや時刻表のページへのリンクを一覧で示したページ。

手順4：情報を取捨選択するための基準を文章で明確にしてください。

たまたま出張で来た仕事先の大阪の日本橋駅から、目的地の大阪駅へ行くための路線と終電の時刻が調べられ、さらに明日の出張に備えられること

手順5：取捨選択の基準から活用できると思うページの記号に○をつけてください。
　　　　なお、活用できるものにはすべて○をつけてください。

Ⓐ　　　　Ⓑ　　　　C　　　　D　　　　E

手順6：手順5で選んだウェブページから得られた情報を、文章で要約してください。

AとBのページで調べたところ、近鉄日本橋駅を0時22分に出発する電車に乗ると0時47分に大阪に到着することが分かった。所要時間は28分である。 　Aのページでは、上記の1通りしか見つからなかったが、Bのページでは乗る時間は少し早いが、所要時間が少なくすむ方法についても紹介されていた。

図11-1　情報収集の例

11.4 ワークシート

11.4.1 ワークシートの説明

この章のワークシートは、「情報収集の支援シート」です。インターネットで情報を収集する際に、補助的に活用するとよいでしょう。

手順3以降をしっかりと行うことで、得た情報をよりよく活用できるようになるでしょう。

11.4.2 ワークシートの使用方法

まずは情報を収集したいテーマを決定し、インターネットの検索エンジンを用いて検索を行ってください。検索のためのキーワードをいくつか挙げて検索してください。方法はAND（論理積）検索やOR（論理和）検索を用います。どの検索エンジンを用いて貰っても構いません。

次に、検索結果の中から上位5つをピックアップしてください。それらのページに記載されている内容をごくごく簡潔にまとめ、概要の記入欄に記入しましょう。

手順4では、情報の取捨選択の基準を明確にしてください。できるだけ具体的に記入しましょう。

そして、5つのページのうち、手順4で明確にした基準に合っているものを選び、そのページの内容を要約してください。その際、複数のページが基準に合っている場合は、それらのページの内容の整合性（全体として矛盾がないこと、意味が通っていることなど）を意識してまとめてください。

11.5 この章で学ぶべきポイント

情報を集めることが容易になったからこそ、情報を取捨選択する能力や情報を活用する能力が求められるようになりました。情報を集めて、取捨選択して、活用するまでのすべての過程を含めて情報収集と呼ぶのです。よりよい情報収集ができるようになるために、情報の集めっぱなしや、思い込みで信じること、丸々引き写しすることを避けましょう。

11.6 参考文献

（1）情報教育学研究会編著：「情報教育の知恵」、パワー社、1997年。
（2）教育理学研究会編著：「マルチメディア時代と情報教育」、パワー社、1995年。

第12章 アンケート調査（計画編）

12.1 学びの目的

　この章では、問題解決によく使われるアンケート調査を行うための計画の立て方や、計画書の作成の方法、調査票の作成の方法について学ぶことを目的としています。

　アンケート調査を行うことによって得られたデータを活用するには、しっかりとした計画を立てておくことが大切です。あまり計画を練らずに行ったアンケート調査のデータは、どのように分析するか、どのように活用するか、後々悩むことになります。そんなケースはあまりないだろうと思う人が多いでしょうが、実際には予想以上に多く見られるのです。とりあえずでアンケート調査を行うのではなく、アンケートの目的をきちんと決め、どのようなデータが得られるかを予想し、その上で得られたデータをどのように分析するのか、どう活用するのかまで計画した上で、アンケート調査を行える力を身につけましょう。

12.2 内容の解説

12.2.1 アンケート調査とは

　世の中の人々が何について、どのように考えているのか、どのように感じているのか、分からないことが多いと思います。そのような事柄を何とか明らかにするための有効な手段のひとつがアンケート調査です。アンケート調査は、質問を記載した調査票を用いて、調査対象となる人々から回答された調査票を収集し、調査票から得られたデータを統計的に処理して何らかの結論を導き出すことです。最近はインターネット上で行われることも多くなってきましたが、その考え方は同じといえるでしょう。

　アンケート調査を実施して、何らかの結論を得ようと思った時、まず用意周到な計画が必要です。そして、十分準備された調査票を作成し、計画的に調査を実施する必要があります。

12.2.2 調査票の作成

　調査票は、アンケート用紙、あるいは質問紙とも呼ばれています。調査を行う人は、自分自身が得たいのは、どのような質問に対するどのような回答（これを単にデータと呼ぶことがあります）なのかを明確にしてから、調査対象（回答者）と調査票の質問項目とを絞り込まなければなりません。その時、必要なデータを正確にかつ十分な数だけ集められるよう工夫することが大切です。

　回答の取り方、すなわち回答法の例を表12-1のように分類することができます。

表12-1 アンケートの回答法の例

○選択回答法
　・単純回答（SA：Single Answer）----- 例「1つだけ選ぶこと」
　・複数回答（MA：Multiple Answer）-- 例「3つ選ぶこと」
　　　　　　　　　　　　　　　　　　　　例「1つ以上、いくつか選ぶこと」
○自由回答法
　・数量回答---- 例「数量値で記入すること」
　・順位回答---- 例「順位を記入すること」
　・数値回答---- 例「具体的に金額を記入すること」
　　　　　　　　　例「回数を記入すること」
　・文字回答---- 例「心に残る映画のタイトルを記入すること」
　　　　　　　　　例「あなたの感じていることを自由に記述すること」

正確なデータが得られるように注意すべき点として、どの回答者にも質問者の意図や質問の意味が十分に伝わるように、分かりやすい文章を用いてください。質問は単純明解であること、1問1答式であることが大切です。

分かりやすい質問文を作るためには、質問文はよく読み返し、意味を取り違える恐れのないように、事前に十分吟味します。調査を行う人が回答者の立場になり、調査票に記入してみるという、予行によるチェックを必ず実行しましょう。さらに万全を期すならば、本調査の前に、実験的に小規模な予備調査を行うなり、納得がいくまで修正するとよいでしょう。

さらに、人権を侵害する表現がないか、プライバシーの保護に配慮しているか、守秘義務などを点検し、回答者に不快感や不安感を与えることのないように心がけることが大切です。

12.2.3 アンケートの計画

アンケートの計画には、第5章で学んだ7W1H1Dの視点のセットを用いることができます。9つの項目のうち、Doの項目に関しては「調査する」という動詞を用いることが確定していますので、残りの8つの項目を具体的に考えてみましょう。

計画の段階で考えるべき8つの項目を表12-2に示します。内容の欄にはどういうことを考える必要があるのかを示していますので、参考にしてください。

表12-2 7W1H1Dによるアンケートの計画例

8つの項目		内　容
When	調査日程	いつアンケートを実施するのか
Where	調査場所	どこで実施するのか
Who	調査者	だれが調査するのか
Whom	対象者	対象者はだれか、どういった人々が対象か
What for	調査の目的	何のために調査するのか、調査の目的は何か
What	調査内容	質問項目はどういったものを盛り込むか

	（調査項目）	
in What	調査手順	どのような手順で調査を行うのか
How	方法	どのような方法で調査を行うのか

なお、この章では調査用紙を用いることを前提としていますので、Howの項目についてもある程度限定しています。

12.2.4　回答データの分類

アンケート調査によって得られる回答データは、一般に数量データ（数値データ）とカテゴリデータ（カテゴリカルデータ）との2種に大別できます。

前者は数値で示されるもので、単位があります。例えば、年収であるなら単位は円ですね。数値データはデータ間で大小を比較したり、演算を行ったりすることが可能であり、代表値としての平均値を出すことが基本的な処理となります。

後者は記号や文字で示されるもので、分類データです。例えば、血液型であるなら、O型、A型、B型、AB型の4つがあります。カテゴリデータで平均値は出せませんが、該当する数から頻度（該当数）と比率（％）を出すことが基本的な集計となります。

上述のように、回答データとして数値データが欲しいのか、カテゴリデータが必要のか、またどのような分析をして、結論を出したいのか等を、あらかじめ考えておくことが計画の段階に必要なのです。なお、分析の方法などについては、第13章「アンケート調査の方法（実施編）」を参照してください。

12.3　問題解決の例

この章では、ワークシートの記入例のみでなく、調査用紙の例も載せていますので、それぞれを順に説明していきます。

まず、ワークシートの記入例について説明します。テーマは課題として与えられたもので、「大学生の好むアイドルに関する調査」として、大学生を対象に、大学生の好きなアイドルについての傾向を調べることでした。調査の目的に沿って、質問項目には、アイドルのどのような点が好きかなどを聞くことにしました。

次に「調査票の例」について説明します。調査票には、アンケートを行う目的、アンケートを行う者の所属や名前を明記することが必要です。また、最後には「ご協力ありがとうございました」のひと言も忘れないようにしましょう。

「レポートの例」について、説明します。課題の締めくくりとして、アンケート調査の結果報告を行うためのレポートが必要ですので、調査を行って、どのような結果が得られたのかを分かりやすくまとめる必要があります。調査の協力者の人数や調査結果の集計、分析は表を使うなどして、まとめてください。最後に、考察をしっかりと行って課題を達成してください。

12.4 ワークシート

12.4.1 シートの説明

　アンケート調査の計画をしっかり行ってもらうことを目的として、アンケート調査用の計画支援シートを用意しました。このシートは、アンケート調査用紙を作成する前に、調査の内容を整理することができるようになっています。

12.4.2 シートの使用方法

　まず始めに、何についての調査を行うのか、具体的なテーマを記入してください。そして、アンケート調査を行う目的を明確にし、調査目的の欄に記入します。
　調査のテーマと目的を明確にしたら、目的に合っているかをよく考えながら、その他の項目を記入してください。シートに記入し始めのうちは、思い浮かんだものから順番に挙げていきましょう。アンケート調査用紙を作成する時には、必要なデータを十分集められるよう、質問項目の内容や順序を十分吟味しましょう。メモ欄には、気が付いたことなど記入してください。

12.5 この章で学ぶべきポイント

　アンケート調査において、その結果をよりよいもの、意味のあるものにするには、計画の段階において、どれだけ努力をしたのかが重要です。計画の段階が意味のあるアンケート調査を行う鍵であるということを認識し、失敗の少ないアンケートを行えるようになってもらいたいと思います。

12.6 参考文献

（1）酒井　隆著：「アンケート調査の進め方」、日本経済新聞社、2001年。
（2）石桁正士、田中邦宏著：「基礎計測と情報」、パワー社、1995年。
（3）教育理学研究会編著：「マルチメディア時代と情報教育」、パワー社、1995年。

提出日：2004年10月10日　　　　　　　　　番号：12345　氏名：　大阪　太郎

アンケート調査計画支援シート

手順1：テーマを決定し、記入してください。
手順2：アンケート調査を行う目的を記入し、目的に合った内容をよく吟味した上で、
　　　　すべての項目を記入してください。

テーマ	大学生の好むアイドルに関する調査
調査目的 （What for）	大学生という若者たちに人気のアイドルを把握したい。
調査対象者 （Whom）	A大学の大学生
調査項目 （What）	あなたの性別は？ あなたの学年は？ あなたの好きなアイドルの名前を書いてください。 好きなアイドルのどのような点が好きですか？
調査日程 （When）	2004年10月の第1週目（月曜日に配布して、金曜日に回収する）
調査場所 （Where）	A大学
手順 （in What）	調査用紙をA大学に通う友人に配布する。 配布する際、簡単な説明を行う（調査の主旨など）。 回収の際、記入漏れがないかチェックする。
メモ	分かりやすい表現か。 ていねいな言葉づかいを心がける。

図12-1　シートの記入例

調査日2004年10月1日

アイドルに関するアンケート調査についてのお願い

　このたび、社会ゼミナール1の課題で、本学の学生に人気のあるアイドルについてアンケート調査を実施することになりました。何卒、ご協力お願いします。

近畿研究室ゼミ生　大阪　太郎

以下の問について、選択肢の番号に○を付けてください。

問1　あなたの性別は？
　　　1.男　　　　　　2.女

問2　あなたの学年は？（○は1つのみ）
　　　1.1年　　　　　　2.2年　　　　　　3.3年　　　　　　4.4年
　　　5.大学院1年　　　6.大学院2年　　　7.その他

問3　あなたの好きなアイドルの名前を書いてください。（1名のみ）
　　　_____

問4　あなたは、問3で答えたアイドルのどのような点が好きですか？
　　　（○はいくつでも）

　　　1.明るさ　　　　　　2.歌のうまさ　　　　　3.ファッションのよさ
　　　4.演技のうまさ　　　5.ダンスのうまさ　　　6.気のきいた会話
　　　7.機転がきくところ　8.ユニークさ　　　　　9.スタイルのよさ
　　　10.気配りがよい　　　11.頭のよさ　　　　　　12.セクシーなところ
　　　13.センスのよさ　　　14.新しさ　　　　　　　15.楽しい雰囲気
　　　16.ルックス（顔）がよい　17.やさしさ　　　　18.積極的なところ
　　　19.ヘアスタイルのよさ　　20.クールなところ　21.おちゃめなところ
　　　22.きどりのなさ　　　23.スポーツができること　24.お金持ち
　　　25.特技があること　　26.魅力的な声　　　　　27.プロダクションがよい

ご協力ありがとうございました。

図12-2　調査用紙の例

第13章 アンケート調査（実施編）

13.1 学びの目的

　この章は、問題解決によく使われるアンケート調査を行った後の調査結果のまとめ方について学ぶことを目的としています。第12章「アンケート調査（計画編）」の考え方に基いて行ったアンケートの結果を用いて、演習を行ってください。

13.2 内容の解説

13.2.1 アンケート調査とは

　アンケート調査については、第12章で述べたとおりです。計画をしっかりと立てて行った調査の結果を統計的に処理し、目的に沿って何らかの結論を導き出さなくてはなりません。特に、実施後の分析の仕方や結果のまとめ方で、目的を達成することができるかが左右されますので、あくまでも目的に合わせた分析を行いましょう。

13.2.2 回答データの分析

　第12章でも述べましたが、アンケート調査によって得られる回答データは、一般に数量データ（数値データ）とカテゴリデータ（カテゴリカルデータ）との2種に大別できます。（もちろん、図や絵や文字のデータもあります。）

　前者は数値で示されるもので、前提として尺度構成がありますが、これはデータ間で大小を比較したり、演算を行ったりすることが可能であり、代表値としての平均値を出すことが基本的な処理となります。後者は記号や文字で示されるもので、分類データです。平均値は出せませんが、該当する数から頻度（該当数）や比率（％）を出すことが基本的な集計となります。

　アンケートに対する回答データは、その1つ1つについて見れば、回答者の個人情報です。この個人の回答データを数多く集めて、集計することで、集団情報が分かります。ここでは、分析目的が集団の特色や傾向を調べる時に用いられる単純集計と、質問間の関連を調べる時に用いられるクロス集計とについて演習しましょう。

（1）単純集計

　少なくとも10人以上回答のあったデータに対し、それが数量データであれば、代表値としての最頻値（最も出現頻度の高い値）や平均値（いわゆる算術平均値）や中央値（データを大きいものから小さいものへ順に並べた時の真中にくる値）などを、またデータがどのようにばらつい

ているとか、どのようにちらばっているかを示す分布（頻度分布と言います）を求めることで、また、カテゴリデータであれば、各カテゴリーの該当数から分布を求めたり、最も頻度の高いデータなどを求めたりすることで、集団の特色や傾向が把握できます。

（2）クロス集計
　2つの質問項目に関する回答を同時に調べるといういわゆるクロス集計をして、表にすることにより、項目間の相互の関係を明らかにすることができます。

13.3　問題解決の例

　第12章と同じ例を用い、図13-1に調査結果をレポートとしてまとめた例を示しています。
　これは、アンケート調査の結果報告を行うためのレポートですので、調査を行い、どのような結果が得られたのかを分かりやすくまとめる必要があります。調査の協力者の人数や調査結果の集計、分析表を使うなどして、まとめてください。そして、最後に必ず考察を付けて、自分の意見を述べましょう。
　このアンケート調査は、課題解決のために行ったもので、A大学の学生さんのアイドル嗜好を見るためでした。したがって、結論は何であったかを示さなければなりません。図13-1のレポートの内容をよく見てください。

13.4　ワークシート

　この章にはワークシートはありません。第12章で行ったアンケートの結果を分かりやすくレポートにまとめてください。調査結果の集計はもちろん、表などを用い、必ず考察を行い、自分の意見を述べることを忘れないようにしましょう。

13.5　この章で学ぶべきポイント

　アンケート調査において、その結果をよりよいもの、意味のあるものにするには、計画の段階において、どれだけ努力をしたのかが重要であることは言うまでもありませんが、せっかく得られたデータを活かせるよう、分析や考察ができるようになることも必要なのです。まさしく、Plan-Do-Seeなのです。

13.6　参考文献

（1）酒井　隆著：「アンケート調査の進め方」、日本経済新聞社、2001年。
（2）石桁正士、田中邦宏著：「基礎計測と情報（改訂版）」、パワー社、1995年。
（3）教育理学研究会編著：「マルチメディア時代と情報教育」、パワー社、1995年。

2004年11月3日

アイドルに関するアンケート調査結果の報告

近畿研究室ゼミ生　大阪　太郎

調査場所はA大学の校内である。
1. 調査全数　　　６８名
2. 有効回答数　　６６名　　　無効-----２名
3. 各問の回答

問１　---　男性40名、女性26名

問２　---　１年生16名、２年生10名、３年生14名、４年生23名、
　　　　　大学院生１年３名、大学院生２年０名、その他０名　　　計66名

問３　アイドル名の頻度を示す。

アイドル名	頻度	アイドル名	頻度	アイドル名	頻度
浜崎　ゆみ	2	スマープ	1	釈　由美	5
鈴木あゆみ	7	キンキンキッズ	7	モーニング	8
新山　千尋	1	トキヨ	4	田中　麗	6
加藤　あや	1	Ｖ７	6	浅田　恭子	1
末広　涼子	2	嵐山	2	倉本　麻衣	3
矢田亜由子	2	滝沢　秀	2	木倉　涼子	2
観月　りさ	1	ジャニーズSr.	2	松島奈津子	1
				計	66

アイドル名を頻度順に並び替えたものを示す。

アイドル名	頻度	アイドル名	頻度	アイドル名	頻度
モーニング	8	倉本　麻衣	3	矢田亜由子	2
キンキンキッズ	7	嵐山	2	浅田　恭子	1
鈴木あゆみ	7	木倉　涼子	2	加藤　あや	1
田中　麗	6	ジャニーズSr.	2	スマープ	1
Ｖ７	6	末広　涼子	2	新山　千尋	1
釈　由美	5	滝沢　秀	2	松島奈津子	1
トキヨ	4	浜崎　ゆみ	2	観月　りさ	1
				計	66

問4　好きな理由の頻度を示す

明るさ	17	気配りがよい	8	ヘアスタイルのよさ	9
歌のうまさ	15	頭のよさ	2	クールなところ	2
ファッションのよさ	5	セクシーなところ	6	おちゃめなところ	4
演技のうまさ	3	センスのよさ	6	きどりのなさ	4
ダンスのうまさ	6	新しさ	3	スポーツができること	6
気のきいた会話	1	楽しい雰囲気	6	お金持ち	8
機転がきくところ	4	ルックス（顔）がよい	18	特技があること	4
ユニークさ	10	やさしさ	7	魅力的な声	2
スタイルのよさ	30	積極的なところ	10	プロダクションがよい	3

好きな理由の頻度順に並び替えたものを示す。

スタイルのよさ	30	やさしさ	7	きどりのなさ	4
ルックス（顔）がよい	18	スポーツができること	6	特技があること	4
明るさ	17	セクシーなところ	6	新しさ	3
歌のうまさ	15	センスのよさ	6	演技のうまさ	3
積極的なところ	10	ダンスのうまさ	6	プロダクションがよい	3
ユニークさ	10	楽しい雰囲気	6	頭のよさ	2
ヘアスタイルのよさ	9	ファッションのよさ	5	クールなところ	2
お金持ち	8	おちゃめなところ	4	魅力的な声	2
気配りがよい	8	機転がきくところ	4	気のきいた会話	1
				計	199

4. 調査についての考察

　今回の調査では、調査用紙を100枚用意したが、30枚ほど残った。調査に要した時間は延べ2時間であった。

　無効の2名は、性別、学年の記入がなかったものである。問4の頻度の合計が199であるので、1人当り3.02個となり、平均3つの理由を答えてくれている。これにより、ある程度考えて回答してくれたと思われる。

5. 調査結果についての考察

　アイドルを選ぶ時、A大学の学生は、「アイドルのスタイルのよさ」によって選んでいる人が最も多い。次に多いのは、「ルックス（顔）がいい」と答えた人である。最も少ないのは、「気のきいた会話」という回答である。
この結果から、アイドルには外見上の魅力が求められていること、会話を楽しむ対象としてはさほど求められていないことが明らかになったと考えられる。

6. 課題の結論

　ある程度考えて回答してくれていることから見ても、調査対象の年齢的に、アイドルというものに興味感心が高いことが分かった。

図13-1　レポートの例

第14章 手段目的分析表（MEA表）の活用

14.1 学びの目的

　このようになって欲しいと望んでも実現できないことや、実現できると思って努力していても、思わぬ壁にぶつかって次の行動がとれないということはよくあります。そのような場合、まず行わなければならないのは、事態をはっきりさせることです。

　そこで、この章は、その問題事態をはっきりさせるために、直面した事態の現状はどのような状況であるのか、どんな状態になれば発生した事態が解決したことになるのか（望ましい状態）、望ましい状態になるためにはどのような手段や方法を使えばよいのかという3点を明確にする方法を学び、問題事態をはっきりさせることができるようになることを目的としています。

14.2 内容の解説

14.2.1 手段目的分析（MEA）とは

　何らかの問題事態が発生した時、その事態をはっきりとさせるためには、以下の3つを把握しなければなりません。

> ①問題事態が発生した時の現状はどんな状況にあるのか（現状の把握）
> ②どんな望ましい状況が出現したら問題事態が解決したことになるのか（目標であるゴールの把握）
> ③問題事態を解決するためにどんな手段・方法を使えばよいのか（手段・方法の把握）

　この3つをしっかりと把握するために使うのが、「手段目的分析」なのです。

　手段目的分析は、Means－Ends Analysisと言いますが、私たちはその頭文字をとってMEAと呼んでいます。MEAは、上の①～③について、それぞれを明確に記述することで、発生した問題事態の解決をよりスムーズにすることができる手法のことです。

　よりスムーズに問題事態を解決するためには、②で目標、すなわちゴールを明確に記述するだけでなく、いくつかの途中の中間目標、すなわちサブゴールもできるだけ明確に記述することが必要です。サブゴールやサブサブゴールを明確にすれば、ゴールにたどり着くまでに、まず何を達成すればよいのかが分かるので、順序が見えてきて問題事態の解決に向かうことができるのです。

　また、本来のMEAは①～③の3つを考えるのですが、今回は①～③だけでなく、問題事態を解決するためにかかる期間についても予想してみましょう。これを④達成見込み期間の予想ということにします。目標の達成見込み期間を予想することにより、じっくりと解決すべき問題事態

なのか、急いで解決すべき問題事態なのかということも分かるので、問題事態を解決するための時間的な目安になります。

これら①〜④を**表14-1**にまとめてありますので、参考にしてください。

表14-1　MEAに必要な項目

①現状の把握	どのような問題が発生したのか、また、問題が発生した時の現状はどのような状況であったのかを明確にします。すなわち、スタート地点の状況を明確に記述します。
②目標（ゴール）の把握	目標（ゴール）である地点を明確に定めます。すなわち、どんな状態にしたいのかを明確にします。また、目標にたどり着くまでに、途中で何を達成すればよいのかという中間目標（サブゴール）もできるだけ明確に記述します。
③手段・方法の把握	目標を達成するために用いることができる手段や方法や資金や人脈などを明確に記述します。
④達成見込み期間の予想	明確にした目標をどれくらいの期間で達成できるかを予想し、大まかに記述します。

14.3　問題解決の例

図14-1に実際の記入例を示してあります。例では、「勉強してもTOEICで450点前後の得点しかとることができず、今までやってきた勉強の方法では目標の700点には到達することが難しいということは分かっています。これからどうやって勉強していけばよいのか分からない」という問題事態を取り上げています。そこで問題事態の記入欄には「TOEICで700点以上の得点をとりたいが、今までの勉強方法ではとれそうにない」と記入しました。

この場合の現状は、現在の英語の実力が思った程ではなく、TOEICを受けてみると450点前後しかとることができないし、しかも自分に適した勉強の方法がよく分からないという状況です。そこで現状（スタート）の記入欄には「TOEICで450点前後の得点しかとれないので、英語の実力があまりない。さらに、勉強の方法も分からない」と記入しています。

目標（ゴール）としては、最終的にTOEICで990点満点中700点以上の得点を取りたいわけですから、「TOEICで700点以上の得点をとれるだけの英語の実力が身についていること」と記入しています。達成見込み期間は、あまりダラダラと勉強したくないし、かといって時間はある程度かかると考えたので1年半後ぐらいを想定しています。また、中間目標（サブゴール）は、TOEICのテストが「Listening（495点満点）」と「Reading（495点満点）」に分かれていますので、単純にListeningとReadingに分け、それぞれを350点以上とれるだけの能力を身に付けていくという2つの中間目標（サブゴール）を設定しています。

これに対しての手段・方法としては、身の回りの環境などを考えて、英語の実力を付けるのに必要であると思ったものを可能な限り列挙しています。これらはすべてできるとは限りませんが、

提出日：2004年4月5日　　　　　　　　番号：　113161　氏名：　解決　仕様

手段目的分析（MEA）表

手順1：テーマを記入してください。

問題事態	TOEICで700点以上の得点をとりたいが、今までの勉強の方法ではとれそうにない。

手順2：発生した問題事態を解決するにあたって、あなたは今どんな状態にあると思いますか。「現状」を書いてください。

現状 （スタート）	TOEICで450点前後の得点しかとれないので、英語の実力があまりない。さらに、勉強の方法も分からない。

手順3：あなたは、どんな望ましい状態になれば、発生した問題事態は解決したことになりますか。目標の「達成見込み期間」とともに「目標（ゴール）」を書いてください。また、目標を達成するまでの「中間目標（サブゴール）」があれば、それも書いてください。

目標 （ゴール）	TOEICで700点以上の得点をとれるだけの英語の実力が身に付いていること。	達成見込み期間
		1年半後ぐらい
中間目標 （サブゴール）	・Listeningテストで350点以上とれるだけの能力を身に付ける。 ・Readingテストで350点以上とれるだけの能力を身に付ける。	

手順4：想定した目標（ゴール）や中間目標（サブゴール）を達成するためにどのような手段・方法を用いますか。考えられる「手段・方法」をできるだけ書いてください。

手段・方法	・語彙力を身に付けるため、単語帳を購入し7000語程度の英単語・熟語を覚える。 ・英語の基本的な文法、構文を身に付けるため、参考書や問題集などを購入して勉強する。 ・英語の長文をいくつか読んで訳す。 ・英会話学校などに通う。 ・英語を母国語としている国にホームステイする。 ・通学時間などを利用して、英語リスニング用のCDを聞く。 ・TOEICの過去問を見て、問題の傾向を把握する。

手順5：最後に、この発生した問題事態を解決する上で、何が難しいと思いますか。問題事態を解決していく中で、あなたが困難であると思った点を書いてください。

困難点	・単語、熟語を覚えるのが大変そうだ。 ・700点なんて高い目標を1年半でクリアするのは、相当な覚悟と努力が必要だ。 ・ホームステイや英会話学校に通うのに、自由な時間とかなりのお金が必要だ。

図14-1　資格取得のためのMEAの例

できるだけ多く列挙することが大切です。

そして最後に、困難点を記入しています。困難点を記入することにより、勉強する上での心構え、注意点などが分かることになります。

14.4 ワークシート

14.4.1 シートの説明

MEAを行ってもらうために、「手段目的分析表（MEA表）」を用意しました。このMEA表の空白の欄に必要事項を記入するだけで、MEAができるようになっています。

MEA表は表14-1で示しているMEAを行うのに必要な項目である①現状の把握、②目標（ゴール）の把握、③手段・方法の把握、④達成見込み期間の予想の4項目が記入できるようになっています。これら①～④をじっくり考えて、1つ1つ表に記入することでMEAができ上がります。

さらに、MEAをスムーズに行ってもらうための補足項目として、①の現状を記入する前に、どのような問題事態が発生したのかを記入する欄を設けています。問題事態を記入すれば、その問題事態に対する現状や目標など、MEAに必要な①～④が考えやすくなります。また、MEA表の1番最後に、この問題事態を解決していく上で何が難しそうなのかを記入する欄を設けています。この欄に問題事態を解決する上での困難な点を挙げることにより、これからあなたが実際に問題事態の解決を行う前の心構え、注意点などがはっきりします。

14.4.2 シートの使用方法

それでは、実際にどのようにMEA表に記入していけばよいのかを説明しましょう。

MEA表を実際に記入するためには、5つの記入手順に従って、順番に記入する必要があります。5つの記入手順とは、手順1が問題事態の記入、手順2が現状（スタート）の記入、手順3が目標（ゴール）、目標達成見込み期間、および中間目標（サブゴール）の記入、手順4が手段・方法の記入、そして手順5が困難点の記入です。それぞれ以下に説明していきます。

まず、手順1の問題事態の記入では、どのような問題事態が発生したのかを明確にする必要がありますので、MEA表の「問題事態」の欄に、どのような問題事態が発生したのかを記入してください。

次に、手順2の現状（スタート）の記入では、問題事態が発生した時の現状（スタート）を把握する必要がありますので、MEA表の「現状（スタート）」の欄に、現状を文章で記入してください。この現状を把握することにより、問題事態が発生した時はどのような状況なのかを意識することができます。

手順3の目標（ゴール）、目標達成見込み期間、および中間目標（サブゴール）の記入では、問題事態に対する目標（ゴール）を明確にする必要がありますので、MEA表の「目標（ゴール）」の欄に、その問題事態が解決した時に、どのような望ましい状態になって欲しいのかということを文章で記入してください。次に、その目標（ゴール）は、どれくらいの期間で達成できればよ

いのかを考え、MEA表の「達成見込み期間」の欄に記入します。また、この時点で現状（スタート）と目標（ゴール）が明確になりましたので、その目標（ゴール）に到達するために、途中にある中間目標（サブゴール）をいくつか考えて、MEA表の「中間目標（サブゴール）」の欄に箇条書きで記入します。この中間目標は、考えつかない場合は記入する必要はありません。しかし、中間目標を記入することで、どのような順番で中間目標を乗り越えて行けば着実に目標に近づくのかというイメージがはっきりしますので、できるだけ記入するようにしましょう。

　ここまでで、現状（スタート）、目標（ゴール）、目標達成見込み期間、中間目標（サブゴール）が決定しました。次に、目標（ゴール）や中間目標（サブゴール）を達成するためにはどうすればよいのか、どのような手段・方法を用いれば問題事態が解決するのかを明確にしなければなりません。

　手順4の手段・方法の記入では、考えられるだけの手段・方法を箇条書きで記入します。

　最後は困難点の記入です。発生した問題事態を解決していく上で何が難しそうなのかを明確にした方がよいので、MEA表の「困難点」の欄に考えられるだけの困難点を箇条書きで記入しましょう。この時の困難点は、目標（ゴール）や中間目標（サブゴール）の達成の難しさについてでもかまいませんし、手段・方法の難しさ、達成見込み期間の難しさでも何でも結構です。あなたが「これは難しそうだな」と感じた点を、いくつでもかまいませんので、挙げてみてください。

　上述の記入手順に従って記入していけば、自ずとMEA表が完成します。MEA表が完成したということは、あなたのMEAが達成できたということです。その後は、MEA表に従って、自信を持って問題解決に当たってください。

14.5　この章で学ぶべきポイント

　問題解決において、現状を把握することと自分の目標を明確にすることで、何が問題の核心であって、それをどのように乗り越えて行けるのかということが分かってきます。また、現状と目標が分かれば、具体的な手だて（手段・方法）を考えられるようになり、解決のイメージを掴むことができるのです。

14.6　参考文献

（1）安西祐一郎著：「問題解決の心理学」、中公新書、1985年。
（2）K.ブランチャード、ダナ・ロビンソン＆ジム・ロビンソン著：「1分間問題解決　目標と現実の「ギャップ」を埋める4つのステップ」、ダイヤモンド社、2002年。
（3）国弘正雄著：「英語が第二の国語になるってホント!?」、たちばな出版、2000年。

Tea Time Break (10)

私の問題解決　～ボーイスカウト活動～

　2007年で創立100年を迎えるボーイスカウト運動、その始まりは、1907年に英国の軍人だったロバート・ベンデン・パウエル卿が行った、「ブラウンシー島での実験キャンプ」です。彼が国内の青少年が荒れている姿を見て、彼らの更生の目的に活動を始めてから、世界中の国々と幾多の地域で受け入れられ、日本でも約80年の歴史を有しています。

　日本でボーイスカウト活動といっても、その活動に馴染みがない人にとっては、「駅前や広場で募金活動を行っている団体」とか、「キャンプや登山などアウトドア活動を行っている団体」とかいう認識をされているように思います。しかし、それらはある一面だけであって、本来のボーイスカウト活動のすべてではありません。ボーイスカウト活動は教育の一つなのです。

　ボーイスカウト活動の大きな特徴は「班制度」で、日々の活動を行うことです。年長者を班長にして、8名ほどの子ども（スカウト）が集まり、その班を中心に活動を行います。そして同じ年代の班が4個班集まり、一つの隊となるのですが、その班をまとめるのは、大人の指導者でなく、年長者の代表が一人、上級班長としてまとめるのです。どのような活動を行う時でも、子どもが中心となり、計画を立て、実行し、反省を行っています。

　キャンプを例に挙げると、大人が中心となって計画をする地域の少年団で行われるキャンプやファミリーキャンプと異なって、子どもたちがそのすべての計画・実行・反省（Plan-Do-See）を行うキャンプなのです。

　私は小学2年生の時にボーイスカウトへ入隊し、大学院生の現在は、中学生くらいの年齢の者が中心となっているボーイ隊の副長として活動を続けています。スカウトの間には、全国規模のキャンプや多くの活動を体験し、ちょっと大きな活動では日本横断も行いました。指導者になってからはキャンプの奉仕隊への参加や原隊での活動を通じ、青少年育成の一端を担っています。

　今までの活動を振り返ってみると、活動のすべてを通じて、問題解決能力を育成しているように思います。

第15章 メリット・デメリットの比較と計算

15.1 学びの目的

　問題解決の場面において、一般に複数個の解決案の中から、最適なものを1つ選定するという意思決定を行う際に、必要な考え方であるメリット・デメリットの比較と計算（以下、簡単のためにMD計算と示します）について学びます。MD計算には案の数によって3つの種類（$α$型〜$γ$型）がありますが、この章では、2つの解決案があって、そのどちらか1つの案を決定する判断に迫られた場合に使用する$β$型について学びます。

15.2 内容の解説

15.2.1 MD計算とは

　午前中に外出しようとした時に、空がやや曇っていて、午後になるとどうも雨が降りそうな感じがしました。傘を持って出ようか、傘を持たずに出ようか、迷ってしまうことはないでしょうか。おそらく、たいていの人が経験したことがあるのではないかと思います。深く考えずに直感的に、傘を持って出る、いや持たない、いずれかを決めて家を出ます。これも大げさに言えば意思決定の1つと言えるかもしれません。

　しかしもっと深刻なケースであれば、傘のようにはいきません。その場その場の感情に左右されることなく、知的に（論理的に）意思決定を行うために、過去の経験や起こっている条件や種々の事情から、いろいろと考慮することが必要になります。その上で納得して意思決定をし、決定した通りに行動することができれば、その結果が望ましい方向に向かっても、また望ましくない方向に向かっても、後悔しないで済むでしょう。

　この章では、意思決定の1つの方法であるMD計算を学びましょう。MD計算とは、それぞれの案が持つメリット（Merit：利点や得なこと）とデメリット（Demerit：欠点や損なこと）を比較し、その良さを数値的に計算するという意味で、通常頭文字をとって、MD計算と呼んでいます。

　私たちが問題を解決しようとする場合、まずその解決に向けて必要な情報を収集します。次にその情報を分析したり処理したりして、複数の解決案を作成します。そして案を1つ1つ十分吟味して、最適なものを決定します。これを計算と呼ぶことにします。

15.2.2 MD計算の種類について

　通常、案が1つしかない場合、その案を実行するか、しないかのどちらかにしなければなりま

せん。1つの解決案を実行するか、しないかを選ぶ場合に使用するMD計算を、私たちは「α型」と呼ぶことにしています。解決案が2つあって、そのどちらか一方を決定する場合に使用するMD計算を、「β型」と、3つ以上の解決案があって、その中のどれか1つを選定する場合に使用するMD計算を、「γ型」と呼んでいます。

15.2.3　β型とは

　それではこの章で学ぶβ型のMD計算について説明しましょう。日常の社会生活において、「これにしようか、あれにしようか」と二者択一の選択に迷ったことがありませんか。そうした場合、たいていの人は比較する項目を挙げて、両者を十分に検討してから、どちらの案にするかを決定するでしょう。

　しかしながら、いざ決定してみて、「しまった、あの項目をもっと検討しておくべきだった」とか、「どうも簡単に扱いすぎて、何か納得がいかない」と思ったことはないでしょうか。これは、比較検討した項目が単に比較しやすかっただけで、あなたが本当に重要だと思っている項目ではなかった可能性があると言えます。二者択一の判断において、重要な判断基準を準備していなかったとも考えられます。

　そこで、何を重視するのかが自分で見えるように、表の形に工夫したのがMD計算β型の手法です。

15.3　問題解決の例

　図15-1に示すMD計算（β型）シートの記入例では、「パソコンの購入について、ノート型を購入するか、デスクトップ型を購入するか迷っている」のテーマを取り上げました。テーマには、シートの記入者の置かれている立場などを踏まえ、具体的に記入しています。

　解決案に対して挙げているメリットやデメリットは、視点を変えることで記入例以外にも挙げることもできます。例えば、ノート型を購入する場合のメリットとして、「修理の時に持ち運びが楽である」や、デメリットとして「落としたりすると故障するのではないかという不安がある」などです。思いつく限りたくさんのメリットとデメリットを挙げることがポイントです。

　メリットとデメリットに関係のある立場は、記入者本人の場合は「自分」（当事者のこと）と記しています。その他は、明確に立場を表す言葉を記入します。立場は、メリットとデメリットに関わる人を明確にするために必ず記入しましょう。メリットとデメリットと同様に、できるだけ多くの立場を挙げるようにしてください。

　ウェイトは、意思決定を行う際の参考にしてください。記入例のノート型を購入する場合の総合点は、5－5＝0となります。同様に、デスクトップ型を購入する場合も計算すると、6－4＝2となります。2つの案の総合点を比較した結果、意思決定は「デスクトップ型を購入する」になりました。

提出日：2005年2月21日　　　　　　　　　　　　　　　番号：54321　氏名：解決　好子

手順1：テーマをできるだけ具体的に記入します。

テーマ：パソコンを購入したいと考えているが、ノート型かデスクトップ型かで迷っている。家族全員で使用できるものを探しており、購入予算が決まっている。

手順2：解決案を2案考え、①、②へ記入します。

解決案：①ノート型を購入する　　　　　　　　　②デスクトップ型を購入する

手順3：設定したそれぞれの解決案に対して、メリット・デメリットを記入します。同時に立場も記入します。

手順4：記入したメリット・デメリットに対してウェイトを記入します。ウェイトの記入の仕方は、例えば3段階で記入する場合、重視するなら3、やや重要視するなら2、どちらともいえないなら1を記入します。

解決案	記入項目	メリット（利点）			デメリット（欠点）		
		内容	立場	ウェイト	内容	立場	ウェイト
① ノート型を購入する		・移動が簡単である。	本人	2	・デスクトップ型より割高である。	本人	2
		・使用場所を特定しないですむ。	本人・家族	1	・液晶ディスプレイの耐久性が心配である。	本人	2
		・収納に場所をとらない。	本人	1	・キーボードが小さく使いづらい。	本人	1
		・接続する周辺機器がほとんど必要ない。	本人	1			計 5
				計 5			
② デスクトップ型を購入する		・周辺装置を追加するための拡張性がある。	本人	2	・移動が大変である。	本人	1
		・キーボードが大きくて使いやすい。	本人	2	・使用場所を特定する必要がある。	本人・家族	1
		・値段がノート型に比べ格安である。	本人	2	・ケーブル類が邪魔になる。	本人	1
				計 6	・周辺機器の接続が必要である。	本人	1
							計 4

手順5：①の案、②の案それぞれの総合点を計算する。計算方法は、"案ごとの総合点＝（メリットの合計点）－（デメリットの合計点）"です。

手順6：案ごとの総合点を比較し意思決定を行う。

計算結果：①の案の総合点＝5－5＝0　　　　　　　②の案の総合点＝6－4＝2

意思決定：②デスクトップ型を購入する

図15-1　MD計算の例

15.4 ワークシート

15.4.1 ワークシートの説明

さて、実際に社会で問題を解決する場合、すべての条件を満たす100点満点の解決案というのはなかなかないものです。あちらを立てればこちらが立たないというようなこと（トレードオフと言います）が多々あり、解決案を実行した場合でも、実行しない場合でも、どちらにしてもメリットとデメリットの両面があるのが普通です。そこで収集した情報をもとに、問題解決案を実行した場合のメリットとデメリット、実行しなかった場合のメリットとデメリットを思いつくだけ書き出して、表の形式にし、どちらの案を採用するかを決定する必要があります。

メリットやデメリットは、問題解決者の立場、何に着目しているかという視点、何を大切にしようとしているかという価値観、置かれている環境などによって異なるもので、ある人にとってメリットであっても、他の人にはメリットでないという場合もあります。つまり、問題が同じであっても、人により解決案の分析結果は同じになるとは限らないのです。

MD計算は、情報を分析するための1つの手法であり、その結果は作成した解決案を実行するかどうかの意思決定のための有力な材料となります。つまり、解決案を実行するかどうかの意思決定を支援するものなのです。

解決案ができたら、メリットとデメリットをできる限りたくさん書き出し、それらを比較することで、解決案を含む全体を見渡すことができ、望ましい問題解決につながる可能性が高くなることと思われます。

では、β型の手順を**図15-2**で説明しましょう。まず、二者択一の問題を設定します。一方の案を解決案1に、他方の案を解決案2の欄に記入します。それぞれの解決案について、もしその案を選択したらどのようなメリットがあるのか、どのようなデメリットがあるのかを、それぞれの欄に箇条書きで記入していきます。

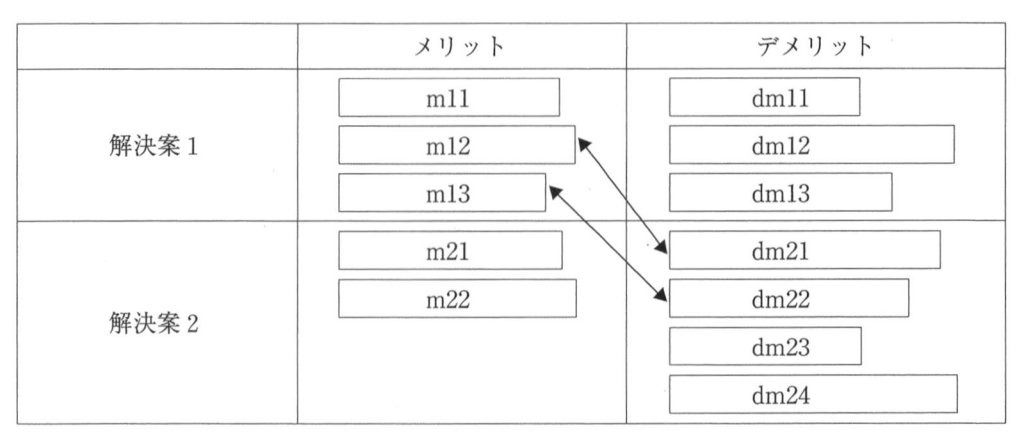

	メリット	デメリット
解決案1	m11 m12 m13	dm11 dm12 dm13
解決案2	m21 m22	dm21 dm22 dm23 dm24

図15-2　MD計算β型の説明図

この時、一方の案のメリットに記入した内容が、もう一方の案のデメリットになっているという関係がしばしばありますから、見落としのないように注意してください。解決案１のメリットが記入できたら、解決案２のデメリットにも記入できることがあるということです。図15‐2の対角項に注意しましょう。このような場合には、両方に同時に記入すると見落しがなくて効果的です。

15.4.2　ワークシートの使用方法

手順１では、テーマの記入を行います。どのような場面での意思決定を行いたいのかを明確にするために、できるだけ具体的に記入しましょう。

手順２では、手順１で記入したテーマを解決するための解決案を、２つ考えます。

手順３では、手順２で記入した解決案に対して、メリット（利点）およびデメリット（欠点）をできるだけ多く記入します。同時に、記入した内容と関係のある立場を記入してください。

手順４では、手順３で記入したメリットおよびデメリットに対して、ウェイト（自分にとってそれがどれだけ重要であるか）を数字で記入します。ウェイトの記入の仕方は、例えば３段階で記入する場合、重視するなら３、やや重視するなら２、どちらともいえないなら１を記入します。自分にとって分かりやすいように、自由に（２段階や５段階など）設定してもかまいません。

手順５では、手順４で記入した各案のウェイトの総合点を計算します。すなわち、メリットの点数とデメリットの点数を求めるのです。

手順６では、手順５で計算した結果を基に、案ごとの総合点を比較し、どちらを採用するか意思決定を行います。

15.5　この章で学ぶべきポイント

１つの問題を取り上げてみても、自分自身だけの問題ではないものがたくさんあります。記入例のパソコンを購入する場合でも、使用場所について、本人だけでなく家族の立場から見たメリットとデメリットが書かれています。もし、自分の考えよりも家族のメリットとデメリットを尊重するのであれば、この項目のウェイトが大きくなり、デスクトップではなくノートパソコンを購入するという、他方の解決案を選定したかもしれません。

色んな立場から、また、色々な視点からメリットとデメリットを考え、たくさん書き出し、その上で点数を求め、それぞれの案を数値的に比較するようにしてください。

15.6　参考文献

（１）石桁正士著：「情報処理的問題解決法」、パワー社、1990年。
（２）上級SE教育研究会編：「上級SE心得ノート」、日刊工業新聞社、1995年。
（３）上級SE教育研究会編：「SEのための仕事術心得ノート」、日刊工業新聞社、2004年。
（４）和田秀樹著：「リーダーのための意思決定学」、文春ネスコ、2001年。

Tea Time Break（11）

問題を解決するということ

　私は、大学の卒業研究で「問題解決能力の育成」というテーマを与えられたのがきっかけで、今日に至るまで、問題解決能力の育成方法やテキストの開発に自らの意思で取り組んできました。その間、あることに悩まされてきました。それは、「問題解決」という言葉です。

　本書を読み、いくつものテーマに取り組んでこられた方は、「問題を解決する」ということの本来の意味に気付かれたことと思います。問題解決とは自分の悩みや抱えている仕事、仕事を遂行する上で発生した困難な事柄や立ちはだかる壁をいかに乗り越え、解決状態に到達するか、その乗り越えるための一連の思考や行動のことを指します。問題を解決するとは、それらを自らの意思で乗り越えることなのです。

　しかしながら、「問題解決」と言うと、多くの方々は、「ああ数学の問題を解くことですね」とか、「与えられた問題すなわち課題を解くことですね」というように誤解されることが多々あるのです。

　問題の解決には、自主性や主体性、目的・目標を自由に設定できることの保証が欠かせません。私はいつも「自由」ということをかみしめながら、自ら選んだ問題を解決するという人生のテーマに立ち向かうつもりでいます。

　さて、自由ということばもいろいろと使われています。何をしてもよいということと受け取っている方もいるでしょう。束縛されないという意味に受け取っている方もいるでしょう。しかし、自由の一方で「責任」があります。私は問題解決には自由の保証と責任を果すことの両面をいつも心にとめています。

第16章 最上流過程は問題の見直しの過程

16.1 学びの目的

　一般に問題を解決していく過程は川の流れになぞらえて、上流過程、中流過程、下流過程の3つがあるとされています。問題を掴み、解決案を定め、解決して行くという流れです。しかし、出発点である上流過程で見落としがあると、その後の過程が無駄になることがあります。
　この章では、問題解決の3つの過程（上流過程、中流過程、下流過程）の他に、最上流過程というのがあることを知り、この過程で行うべきことを理解した上で、問題の見直しを体験します。

16.2 内容の解説

16.2.1 問題解決の3つの過程とは

通常、問題解決の過程には、次のような過程があるとされています。

（1）上流過程
　問題が発見されたり、問題事態が発生したりしたので、解決に向けての活動が開始されます。そこでは、問題の定式化、解決への戦略（解決への基本姿勢を決めること）や戦術（基本姿勢に基づき、解決の方針を決めること）の検討、解決条件（人や物や金や期限などの条件）の確認、複数の解決案の創出、最適な解決案の決定（意思決定）、その案に従って実行計画の具体化などを行う過程です。

（2）中流過程
　決定した実行計画に沿って、具体的な解決活動をする過程です。常に、Plan‐Do‐Seeを考え、着実に実行します。もちろん、うまく行かないところは手直しをしたり、さらに日程の管理や人の管理や予算の管理などをしながら、解決状態に到達するまで計画を遂行する過程です。

（3）下流過程
　解決行動の結果、到達した状態が、果して解決状態であるのかどうかを検討し、問題解決過程全体を評価します。そして解決過程で使われた資金、人材、資材、仕組みなどや、かかった期間、仕上がりのよさなどをチェックし、まずいところはフォローアップをします。フォローアップには、修正補強、組み直し、再発防止、アフターケア、事後教育、弱点カバーなどいろいろとあります。また、得られた情報、人脈、知見、副産物などを記録し、再利用に備えることもします。

16.2.2　最上流過程とは

　問題解決の過程は、上の①から③の３つの過程で何ら不足はないように思えますが、きわめて大切なポイントが抜けています。それは、問題が発見されたり、問題事態が発生したりすると、すぐさま解決へ向かおうとしている点です。その問題の本質を掴んで、間違いなく対処しているという保証はあるのでしょうか。

　問題が発生したからといって、いきなり解決へ向かう（上流から下流へと向かう）のではなく、問題や問題の事態がなぜ起こったのか、問題の背景には何があるのか、真の解決とは一体何かなどを検討するための過程が必要だということです。それが最上流過程です。

16.2.3　最上流過程で行うこと

　最上流過程とは、見かけの問題に惑わされず、真の問題を把握するための過程ですので、次のようなことを行います。

> （１）問題は本当に発生しているのか、検討しましたか。
> （２）その問題の背景を検討しましたか。
> （３）その問題の根源に遡る努力をしましたか。
> （４）その問題の本質を考えましたか。
> （５）その問題の原因を多面的に検討しましたか。
> （６）その問題を解決することに価値があるかどうか検討しましたか。

　これらの作業として、最も大切な問題の見直しや、問題の立て直しを実行しましょう。あなたが行うことは、問題をよくよく検討することです。

16.3　問題解決の例

　仕事を持つある婦人が、「肌荒れで困っている」という問題を解決しようとしていました。そこでその婦人は、問題の解決策として、次の３つの案を考えました。これは上流過程です。

> ①エステに通い、肌荒れを直す。
> ②病院へ行き、症状に合った薬をもらって、肌荒れを直す。
> ③化粧品を替えて、肌荒れを直す。

　ところがこの問題と解決策をよくよく考えてみますと、肌荒れの原因は日頃の生活習慣（日常の生活と仕事の生活の２つ）にありそうだと気づきました。これが最上流過程に当たります。

　そこで、生活習慣を変えて、根本的に肌荒れを直そうという気になったのです。その対策として、次の３つを考えました。

> ④偏食やバランスのよくない食事を止めて、正しい食事を心がける。
> ⑤むらのある仕事の仕方（残業など）を変え、規則正しい生活に切り換える。
> ⑥生活のリズムが不規則で、睡眠時間も不足していたので、十分睡眠をとる。

　上の①から③の対策と、④から⑥の対策はずい分と異なりますね。①から③は解決者の外からの解決策であり、④から⑥の対策は解決者の内からの解決策です。どちらがより本質的であるか考えてみてください。

16.4　ワークシート

16.4.1　シートの説明

　図16-1は、発生した問題、3つの解決案と上流、中流、下流のそれぞれの過程を書く枠があります。また、問題から最上流過程へと進む道と見直し事項（検討内容を書く枠）と新しく発見した問題とそれからの上流、中流、下流の3つの過程を書く枠があります。シートの中の枠に、検討した内容を書き込みます。

16.4.2　シートの使用方法

　あなたが選んだ問題を所定の枠の中に書き込みます。そして、その問題を解決するための案を、最低2つ以上書きます。ここまでは、上流、中流、下流の過程です。そして問題を検討して、最上流過程に入ります。選んだ問題について、再検討して、第16.2.3項の（1）から（6）の各項目について検討し、問題を見直します。見直した結果である新しい問題を枠に書き込みます。さらに、新しい問題の解決案を考え、枠の中に書き込みます。

16.5　この章で学ぶべきポイント

　自ら発見した問題であっても、与えられた問題（課題といいます）であっても、問題をよくよく検討して、真の問題を見つけることを学んでください。決して、問題を鵜呑みにして、解決を急がないことです。

16.6　参考文献

（1）上級SE教育研究会編：「上級SE心得ノート」、日刊工業新聞社、1995年。
（2）上級SE教育研究会編：「SEのための仕事術心得ノート」、日刊工業新聞社、2004年。

最上流工程チェックシート

提出日：2004年12月8日　　　　　　　　　　　　　　　　　氏名：美咲　さくら

⑤見直し事項：肌荒れが原因ではない。背景にある今の生活のリズムが原因らしい。

①発生した問題：肌荒れで困っている

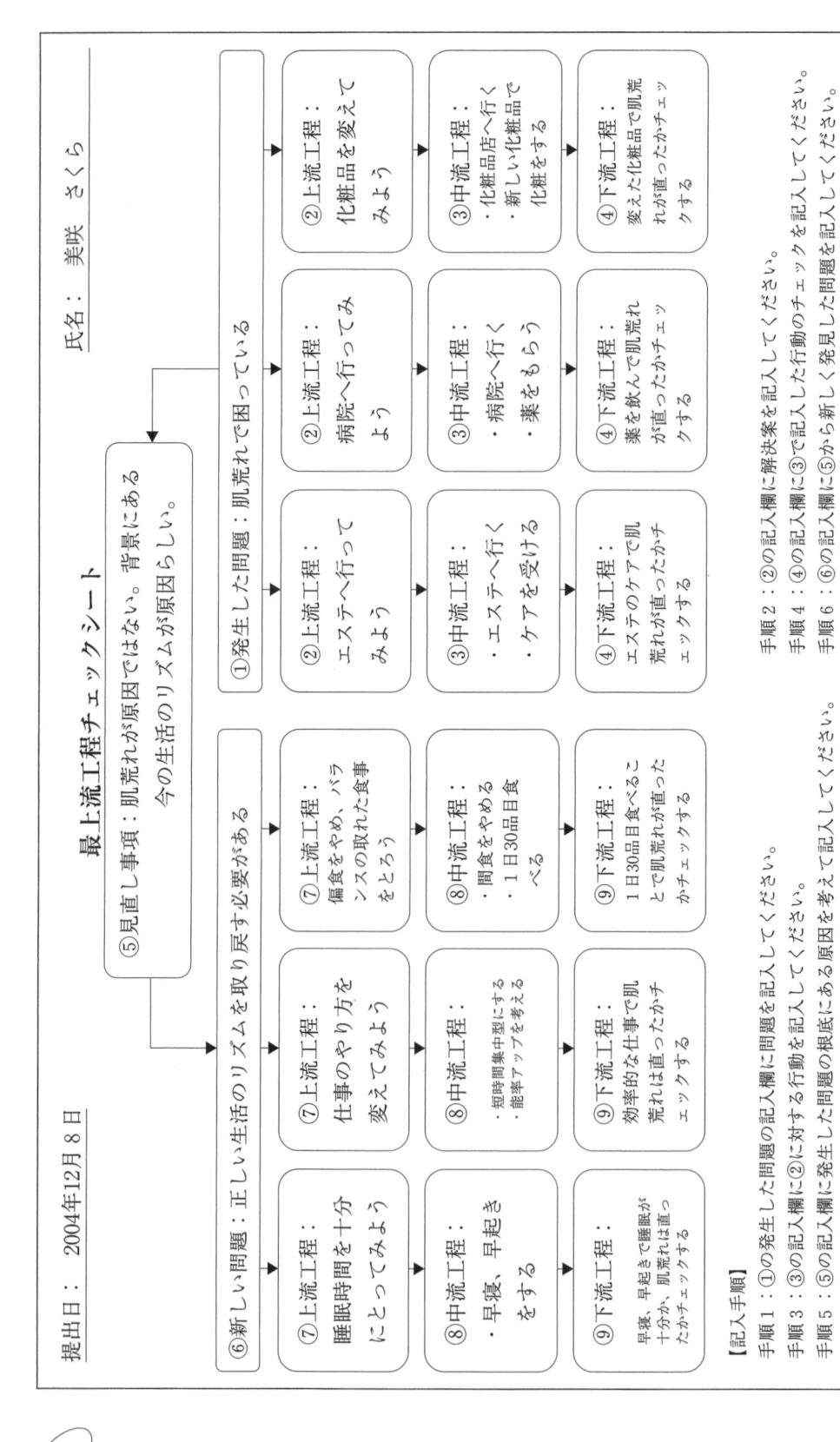

	②上流工程：エステへ行ってみよう	②上流工程：病院へ行ってみよう	②上流工程：化粧品店へ行く・新しい化粧品で化粧をする
	③中流工程：エステへ行く・ケアを受ける	③中流工程：・病院へ行く・薬をもらう	③中流工程：・化粧品店へ行く・新しい化粧品で化粧をする
	④下流工程：エステのケアで肌荒れが直ったかチェックする	④下流工程：薬を飲んで肌荒れが直ったかチェックする	④下流工程：変えた化粧品で肌荒れが直ったかチェックする

⑥新しい問題：正しい生活のリズムを取り戻す必要がある

⑦上流工程：睡眠時間を十分にとってみよう	⑦上流工程：仕事のやり方を変えてみよう	⑦上流工程：偏食をやめ、バランスの取れた食事をとろう
⑧中流工程：・早寝、早起きをする	⑧中流工程：・短時間集中型にする・能率アップを考える	⑧中流工程：・間食をやめる・1日30品目食べる
⑨下流工程：早寝、早起きで睡眠が十分かれ、肌荒れは直ったかチェックする	⑨下流工程：効率的な仕事で肌荒れは直ったかチェックする	⑨下流工程：1日30品目食べることで肌荒れが直ったかチェックする

【記入手順】
手順1：①の発生した問題の記入欄に問題を記入してください。
手順2：②の記入欄に解決案を記入してください。
手順3：③の記入欄に②に対する行動を記入してください。
手順4：④の記入欄に③で記入した行動のチェックを記入してください。
手順5：⑤の記入欄に発生した問題の根底にある原因を考えて記入してください。
手順6：⑥の記入欄に⑤から新しく発見した問題を記入してください。
手順7：⑦、⑧、⑨は②〜④と同様の考え方で記入してください。

図16-1　肌荒れの例

第17章 目標達成した結果の自己評価

17.1 学びの目的

　第1章で「目的達成行動におけるPlan-Do-Seeの役割」について学びました。その時に出てきた「See」つまり反省に基づく評価を具体的に学ぶことがこの章の目的です。

17.2 内容の解説

17.2.1 自己評価とは

　目標達成や課題解決についての評価には、自分ひとりでする自己評価、取り組んだ人たちの間でする相互評価、上司やお客さんがする他者評価、一般社会がする社会的評価、教育の場での教育的評価などがありますが、ここでは、自分ひとりでする自己評価を取り上げています。

17.2.2 大きなテーマと小さなテーマ

　実際に評価をするに当たって、取り扱ったテーマの影響の大きさや深刻さの度合によって評価の仕方が変わります。テーマの大きさという表現や、影響の大きさという表現などは、少々あいまいなので、もう少し明確にしましょう。

　テーマの大きさを測るには、テーマのもつ重要度、テーマの中に存在する価値観の軽重、規模の大小、テーマをこなすために要する費用や経費の多少、注入する労力などに注目すると分かりやすいと思います。

17.2.3 反省と評価

　小さなテーマでは、計画に対して、うまく行ったかどうかの反省でよいでしょう。したがって、比較的手軽に経験したことを思い出して、この課題を書き上げることができるでしょう。

　しかし、大きなテーマの評価は、実際に経験し、その体験や実感がないと評価することはできません。

　ここで行うSeeすなわち反省に基づく評価は、チェックとアクションの2つの内容を含んでいます。そこで、最近ではPlan-Do-Check-Actionの形で説明されことが多いと思われます。Seeは反省にとどまらずに、次の計画・行動つまりアクションにつながり、最終的には反省が生かされるような内容であることが望ましいと言えます。

17.3　問題解決の例

　自分が取り組んだテーマを、自分自身の判断で評価するということは意外に難しいことです。そこで、身近なテーマを取り上げて練習し、その上で、社会性のあるテーマや、会社の中で取り組んだテーマなどの評価に慣れていくとよいでしょう。この章では、2つの記入例を用意しました。以下に、小さなテーマと大きなテーマ2つの記入例について説明しましょう。

（1）小さなテーマの記入例

　まず、小さなテーマの記入例である「3～4人の仲良しグループの旅行」について説明します。大学時代の4年間を仲良く過ごした4人も、この3月に卒業します。社会人になると、勤める会社も別々ですので、今までのように度々会うことはできないでしょう。そこで思い出のための卒業旅行をすることにしました。

　旅行となるとまず、決めなければならないのは行き先です。海外旅行、スキー旅行、観光旅行などいろいろ思い浮かびますが、費用や、日数の関係で、2泊3日の観光旅行と決まりました。このような前提条件の中で、グループとして行き先や日程を決定しました。行く方法については、旅行会社に相談して、旅館や切符の手配を頼むか、パック旅行に加わるかという、2つの方法が提案されたので、第15章で学んだメリット・デメリット計算の考え方を使って、特に費用の点を重視して、パック旅行に加わることにしました。

　旅行中は、バスの中で、4人が盛り上がって、少し大声になったりして、周囲の人々に迷惑をかけたかもしれません。観光地では、見物、食べ歩き、そして買い物を十分楽しみました。記念の写真もたくさん撮ることができて、思い出もいっぱいできました。

　最大の目的だった「思い出づくりの卒業旅行」という目的は十分達成することができました。また観光地もきわめて満足できる所でした。しかし、個々に見ると反省点があります。パック旅行なので、おじさんたちがいて、やたらに話しかけてきて嫌でした。しかし、私たちもバスの中で盛り上がりすぎ、大声を出したことは、同行のみなさんに迷惑をかけたと反省しています。そして、買い物の時間では、ゆっくり選びすぎて、時間が足りなくなってしまいました。結果として、パック旅行は、費用は安いのですが、いろいろと制限があって、不満な点も残りました。

　このような小さなテーマでは、Seeは評価というより反省的なものになるでしょう。記入例を図17-1に示します。

（2）大きなテーマの記入例

　次に、仲よしグループの旅行に比べて少し大きなテーマの記入例である「営業部の社員旅行」について説明します。営業部30人の社員旅行は、入社4～5年目の若手の社員が担当することになっています。実施時期は、30人の社員の希望を聞いてもなかなか一致しないことや、やはり会社の都合が優先して、11月2日、3日に決まっています。経費はすべて会社負担です。

　計画を立てるに当たって、既に決まっていることと、これから決めなければならないことを明確にするために、第5章で学んだ7W1H1Dチェックシートを利用した目標記述を使って整理

提出日： 2005年02月20日　　　　　　　　　　　番号： 02001　氏名： 大阪　花子

目標達成の評価シート（Plan－Do－See表）

手順1：取り組んだテーマを記入します。

テーマ	仲良しグループの旅行

手順2：第1章を参考に、計画（Plan）、実行（Do）、反省（See）についてそれぞれ記入します。

	決定の内容	反省点
Plan 計画	・旅行の種別を決める。（観光旅行） ・費用を決める。（3万円程度） ・旅行日数および日程を決める。（2泊3日、12月24日～26日） ・行き先を決める。（萩・津和野） ・旅行方法を決める。（パック旅行）	・見積りが悪く無駄が出た。 ・冬休みに旅行を計画してしまったので、卒業論文の仕上げが進まなかった。 ・時間配分が悪かった。
	実行の状況	反省点
Do 実行	・天気はよくて旅行日和だった。 ・バスの中では盛り上がり、はしゃいだ。 ・観光地では、見物、食べ歩き、買い物を楽しんだ。 ・萩で陶芸教室に参加して、時間が足りなくなった。 ・記念の写真がたくさん撮れた。	・しっかり観光できた。 ・萩の気温が思っていたより低く、防寒対策ができていなかった。 ・食べ物がおいしくて、ついつい食べ過ぎてしまった。 ・思い出に残る陶器を作ることができた。 ・写真が数箇所での撮影に偏ってしまった。
	見直し点	反省後の学び
See 反省	・パック旅行なので、おじさんたちがいて、やたらに声をかけてきて嫌だった。 ・バスの中では盛り上がって、大声を出して、みなさんに迷惑をかけた。 ・萩での自由行動の時間が不足だった。 ・パック旅行は費用が安いが、いろいろ制限があって不満な点が出た。	・事前にパック旅行の参加者を確認するように心がけよう。 ・パック旅行について、もっと詳しく調べるべきである。 ・常に自分のマナーを考えるように注意しよう。 ・次のテーマこなしに活かせる知恵が得られた。

図17-1　旅行の自己評価の例

してみました。それが**表17-1**です。

表17-1　7W1H1Dによる計画の点検

	7W1H1D		点検の内容
1.	When	時刻や時間	旅行の実施の1週間前のアフターファイブに
2.	Where	場所	会社の会議室で
3.	Who	主体すなわち主人公	計画の責任者である私が
4.	Whom	客体すなわち相手	営業部員の数人と
5.	What for	目的	11月2日、3日に行う、慰労と親睦のための旅行計画の不備な点がないかどうかを確認するために
6.	What	中身や内容	30人の社員旅行の行き先、交通手段、旅館、費用、時間配分などを
7.	in What	手はず	未定
8.	How	方法	未定
9.	Do	行動	点検する。

　表17-1を見ると、不備な点が明確に分かります。行き先やどんなことをどんな順序で実施するか、どのように実施するのかを決めなければなりません。

　そこで、第12章と第13章で学んだアンケート調査を実施しました。その結果をまとめると、朝ゆっくり寝たいので、出発の時間は午後の方がよい。宿へ着くのは早めで、温泉のあるところでゆっくり温泉を楽しみたい、という結果が得られたので、次のように決めました。

　観光バスで明石海峡大橋を通って、淡路温泉へ行き、宴会をして、翌日は鳴門の渦潮観光をするということです。行き先は淡路温泉・鳴門で、内容は宴会と渦潮観光、交通手段は観光バス旅行などを点検していくことができました。

⓱.4　ワークシート

17.4.1　シートの説明

　この章では、**図17-2**のような目標達成の評価シートを用意しています。テーマをこなした際のPlanの段階、Doの階段、Seeの段階のそれぞれにおいて、その計画、行動がよかったのかどうか、どういうところが良く、どういうところが悪かったのか、それらの反省は妥当なものであるかどうかを評価してください。

17.4.2　シートの使用方法

　まず、手順1でテーマを記入します。手順2で、第1章を参考に、Plan（計画）、Do（実行）、See（反省）をそれぞれ記入します。

提出日： 2005年01月17日　　　　　　　　番号： 12031　氏名：　大阪　良子

目標達成の評価シート（Plan－Do－See表）

手順1：取り組んだテーマを記入します。

テーマ	営業部の社員旅行

手順2：第1章を参考に、計画（Plan）、実行（Do）、反省（See）についてそれぞれ記入します。

	決定の内容	反省点
Plan 計画	・旅行の種別を決める。（慰安旅行） ・旅行日数および日程を、会社の都合を考えて決める。（2泊3日、11月2日〜3日） ・行き先を決める。（明石海峡） ・旅行方法を決める。（バス旅行）	・会社の都合で都合ではなく、参加人数が多くなる日を選びたかった。 ・行き先をもう少し検討すべきであった。
	実行の状況	反省点
Do 実行	・1日目が少し肌寒かった。 ・バスの中では盛り上がり、カラオケを楽しんだ。 ・鳴門の大渦を見物した。 ・明石海峡から望む夜景が綺麗だった。 ・宴会でかくし芸をした。 ・温泉につかってゆっくり過ごした。	・つい飲みすぎて二日酔いになった人も出た。 ・時間の使い方について、賛否両論があった。 ・宴会では社員の親睦を図ることができた。 ・年齢によって満足度が異なっていた。
	見直し点	反省後の学び
See 反省	・参加人数が多く、日程に関しては全員の希望通りにならなかった。 ・思った以上に経費がかかってしまった。 ・上司のパワハラについて、一部に不満が出た。 ・帰路で渋滞に巻き込まれた。	・全員の希望を満足させるのは無理なので、会社の都合に合わせるのが一番よいやり方であった。 ・経費についてもっと検討すべきである。 ・上司と部下の関係について話し合いをすべきである。

図17-2　営業部の社員旅行の自己評価の例

その上で、右側の評価の記入欄に、Plan（計画）とDo（実行）とSee（反省）に書いた項目に対して、評価や反省を記入してください。

　Seeが既に反省であるのに、その右の欄に何を書けばよいのかと悩むかもしれませんが、その反省や評価が本当に妥当であったのか、他に検討することはないのかということを考えてみてください。

17.5　この章で学ぶべきポイント

　自分のテーマを、責任を持ってこなしていく過程を評価するということは、自己の能力向上にとって重要なことです。責任意識を持ち、PlanとDoの過程で、Planはそれでよかったのか、Planを決定するまでの経緯は妥当であったのか、Planを実施したが、その実施に問題点はなかったのか、盛り込むべき必要条件を満足させていたかなど、たくさんの評価ポイントがあるのです。これらをきちんと評価し、反省しておかなければ、次の「テーマこなし」へ「フィードフォワードする」ことはできません。

　失敗やミスを全くせずに、思い通りにテーマをこなすということは、通常ほとんどあり得ません。しかしながら、能力のある人は失敗を失敗としないための心得として、常に自分のPlanやDoをSeeし、フィードバック、フィードフォワードを図っているのです。それが結果的に能力の向上につながるのです。

17.6　参考文献

（1）情報教育学研究会著：「情報教育の知恵」、パワー社、1997年。
（2）安西祐一郎著：「問題解決の心理学−人間の時代への発想−」、中公新書、1985年。

あとがき

　今回、日刊工業新聞社から、この本を出版できることは、私たち教育理学研究会（略称：教理研）にとって、きわめて意義深いものがあります。すでに10年以上にわたって、教理研では、大学をはじめとする高等教育機関で学ぶ学生諸君や、経験の浅いビジネスマンたちの問題解決能力を育成するための教育研究を積み重ねて来ました。本書の出版で、やっとここまで来たかという感じでいっぱいです。

　この研究は、毎月1回、大阪電気通信大学の寝屋川キャンパスにおいて、産学協同の月例研究会を開き、こつこつとその成果を蓄積したものなのです。もちろん、研究の成果は、関係学会や研究機関で発表してきました。

　私たちの研究の内容ですが、単に教育の理論展開だけをやってきたのではありません。実社会で必要とされる問題解決能力とは何か、その能力をどう育成するか、どのような教材を作ればよいか、指導のポイントは何かなど、教育現場での実践を行い、その経験を通じて教育計画の立案も教材の改善も指導力養成も行ってきました。

　これからの社会は、ますます実力主義社会（メリットクラシー）に移行していくでしょう。逆に、従来のような学歴主義社会（デグリオクラシー）での学歴という価値は、どんどんと薄れて行くことは確かなことでしょう。したがって、これからは実社会で必要とされる能力、とりわけ問題解決能力を身に付けなければ一人前と言えないのです。

　さて、大学を卒業して実社会に入った若者たちも、経験の浅いビジネスマンも、ともに先輩の方々に指導を受けながら（OJTで）、この本で取り上げている問題解決能力をはじめとして、必要な諸能力を伸ばし、人材としての価値を高めて行くでしょうが、最終的には自分で自分の能力を育成して（OffJTで）いかなければなりません。私たちは、そのお手伝いをさせていただきたいと考えています。

　一口に問題解決能力と言っても、かなり多面的な内容を持つ領域ですので、この本で取り上げたのは、ごく限られた部分に過ぎません。また、レベル的に見ても、きわめて初級的であります。今後、私たち教理研では、中級編に取り組むつもりです。すでにその活動も開始しておりますが、この教育研究や教育実践にご興味のある方々の教理研へのご参加を歓迎いたします。

　私たちの研究の成果は、次の文献にくわしく出ています。ご覧いただければ幸いです。

（1）石桁編、佐藤、稲浦、浅羽、渡辺、岩崎、石桁著：問題解決能力の育成をめざした授業の設計と実践──開発したワークブックを用いて──、高等教育研究叢書76、pp1～64、広島大学　高等教育研究開発センター、2004年1月。
（2）渡辺、佐藤、稲浦、石桁著：問題解決能力の育成をめざした授業における学生の能力育成に関する自己評価、日本教育情報学会誌「教育情報研究」、第20巻第2号、pp15～26、2004年。

最後に当たって、執筆、手直し、編集などの作業において、年末年始に関わらず協力してくれた　神戸大学　大学院　総合人間科学研究科　博士課程1回生の浅羽修丈さんに、大阪電気通信大学　総合情報学部　メディア情報文化学科　卒業制作生の小島崇司君、中山俊作君に、また同大学　大学院　総合情報学研究科　メディア情報文化学専攻　修士課程1回生の富田　学君に感謝します。

　またティータイムブレークの執筆に協力してくれた、神戸大学大学院の浅羽修丈さん、大阪電気通信大学大学院の富田学君、大阪電気通信大学総合情報学部メディア情報文化学科卒業制作生の福井弥生さん、村上和繁君、中山俊作君、各部の扉絵をデザインしてくれた大阪電気通信大学総合情報学部メディア情報文化学科3回生の佐川和之君に感謝します。

2005年2月吉日

編集委員会委員
竹嶋徳明
岩崎重剛
稲浦　綾
木庭裕美
渡辺寛二
石桁正士

―― 執筆者紹介（50音順）――

渡邉寛二（わたなべ　かんじ）　教育理学研究会代表幹事
1940年（昭和15年）生まれ。大阪府在住。現在、大阪電気通信大学短期大学部　助教授。工学士。専門は教育工学、情報教育。著書多数。

浅羽修丈（あさば　のぶたけ）
1974年（昭和49年）生まれ。大阪府在住。現在、神戸大学大学院　総合人間科学研究科　博士後期課程　在籍。四條畷学園短期大学　非常勤講師。工学修士。

石桁正士（いしけた　ただし）
1936年（昭和11年）、和歌山市生まれ。大阪府在住。現在、大阪電気通信大学　総合情報学部　教授。同大学院　指導教授。工学博士。専門は、教育工学、情報心理。著書多数。最新の著書：「SEのための仕事術心得ノート」、日刊工業新聞社、2004年。

稲浦　綾（いなうら　あや）
1976年（昭和51年）生まれ。大阪府在住。現在、大阪電気通信大学　総合情報学部　非常勤講師。工学修士。
最新の著書：「SEのための仕事術心得ノート」、日刊工業新聞社、2004年。

岩崎重剛（いわさき　しげかた）
1938年（昭和13年）、満州生まれ。大阪府在住。現在、大阪電気通信大学　総合情報学部　客員研究員。工学士。専門は、教育工学、情報心理。著書多数。
最新の著書：「やる気の人間学」、総合法令出版社、1998年。

宇治典貞（うじ　のりさだ）
1974年（昭和49年）生まれ。大阪府在住。現在、園田学園女子大学専任講師。工学修士。

佐藤妙子（さとう　たえこ）
1979年（昭和54年）生まれ。大阪府在住。現在、ヒューマンリソシア株式会社社員。工学修士。

竹嶋　徳明（たけしま　のりあき）
1939年（昭和14年）生まれ。大阪府在住。現在、大阪電気通信大学　総合情報学部　石桁研究室研究員。経済学士。情報処理システム監査技術者。
最新の著書：「SEのための仕事術心得ノート」、日刊工業新聞社、2004年。

西野和典（にしの　かずのり）
1955年（昭和30年）生まれ。福岡県在住。現在、九州工業大学　情報工学部　助教授。学校教育学修士。専門は情報教育。著書多数。
最新の著書：「情報教育の学習評価　観点と規準」、丸善、2004年。
教育理学研究会世話人

横山　宏（よこやま　ひろし）
1956年（昭和31年）生まれ。大阪府在住。現在、大阪電気通信大学　総合情報学部専任講師。工学修士。専門は教育工学、情報教育。著書多数。
最新の著書：「インターネットの光と影Ver.2」、北大路書房、2003年。

―― 編集委員会委員紹介（50音順）――

石桁正士（いしけた　ただし）監修者　Eメール：ishiketa@isc.osakac.ac.jp

稲浦　綾（いなうら　あや）編集責任者

岩崎重剛（いわさき　しげかた）

木庭　裕美（きにわ　ひろみ）編集補助者
1980年（昭和55年）生まれ。兵庫県在住。現在、大阪電気通信大学　総合情報学部　情報工学科　在籍。

竹嶋　德明（たけしま　のりあき）

渡辺寛二（わたなべ　かんじ）監修者

―― 教育理学研究会の紹介 ――
　教育理学研究会は、産学協同の月例研究会を原則として毎月第4日曜日の午後に、大阪電気通信大学の寝屋川キャンパスで開いています。参加希望者歓迎。会費なし。会員約40名。次のURLに情報があります。
　http://www.dmic.org/labs/ishiketa

すぐに使える問題解決法入門　　　　　　　　　　　　NDC336

2005年3月31日　初版1刷発行	定価はカバーに表示してあります。
2024年4月19日　初版4刷発行	

　　　　　ⓒ　監修者　　石　桁　正　士
　　　　　　　　　　　　渡　邉　寛　二
　　　　　　編著者　　教　育　理　学　研　究　会
　　　　　　発行者　　井　水　治　博
　　　　　　発行所　　日　刊　工　業　新　聞　社

　　〒103-8548　東京都中央区日本橋小網町14-1
　　電　話　書籍編集部　　03-5644-7490
　　　　　　販売・管理部　03-5644-7403
　　　　　　FAX　　　　　03-5644-7400

　　振替口座　00190-2-186076
　　URL　　https://pub.nikkan.co.jp
　　e-mail　info_shuppan@nikkan.tech
　　--
　　製　作　株式会社日刊工業出版プロダクション
　　印刷・製本　新日本印刷株式会社

落丁・乱丁本はお取替えいたします。
2005 Printed in Japan
　　　　　　　　ISBN 4-526-05434-8

本書の無断複写は、著作権法上での、例外を除き、禁じられています。